不況に対応する「雇用調整」の実務

羽田タートルサービス（株）本社審議役（顧問）
公益財団法人 清心内海塾（せいしんうつみ）・常務理事
布施直春［著］

中央経済社

まえがき

—リストラの基本ルール，手順，注意点等—

本書は，会社がコロナウイルス感染症による影響や各種不況に対応する場合に役立つ実務知識やノウハウとそのまま使える書式例を豊富に収めています。

今回のコロナウイルス感染症の拡大を原因とする各種需要の大幅減少に伴うリストラ，雇用調整等であっても，その他の理由によるものであっても，基本原則，手順はほぼ同一です。

ここでは，個々の詳細について説明する前に，これらのポイントを説明します。

1　社員を他の支店に転勤させたり，他企業に出向させて雇用継続したいが，当人たちが転勤・出向を拒否している場合の解決方法

〔解説〕

1）労働契約書，または就業規則に「会社は，社員を事業運営上の必要に応じて企業内人事異動または企業間人事異動（出向）をさせることができる。」と定めておけば，原則として，本人の承諾がなくても転勤・出向等をさせることができます（本書78頁～に記載）。

2）人事異動を発令したのち，当人が，新しい職場に出勤しない場合には，労働契約書または就業規則の「服務規律・企業秩序に関する規定」違反を理由として，出勤停止か懲戒解雇にすることも認められています（本書60頁，188頁）。

2　社員の賃金や労働条件を適法に引き下げる方法

〔解説〕

①各社員から個別に同意書をとる方法（本書14頁，17頁等）と，②その事業所の給与規程（就業規則）を変更して，全員一律（例えば，1年間，基本給を20%引き下げる方法（本書14頁）とがあります。

3 コロナ不況で，社員に会社を辞めてもらう場合，会社にとってのベストな退職・解雇の形

〔解説〕

1）「事業規模縮小に伴う合意退職」とし，合意退職書に会社と対象従業員が署名，押印する形がベストです。

2）その理由は，①合意退職は整理解雇等と異なり，30日分の解雇予告手当（または30日前の解雇予告）が必要ないからです。これに加えて，合意退職であれば，退職した社員から，「この退職は無効である」などと民事訴訟を起こされる危険性や，万が一訴訟を提起されても敗訴する危険性がなくなります。

このことについては，本書89頁，退職合意書のモデル例は本書92頁に掲載してあります。

4 社員が退職後，雇用保険の求職者給付を有利にもらえるようにするための会社の方策（その社員は，退職後の収入の見通しが立たないことから，退職を強く拒絶しているので，その心配をなくせば退職を受け入れてくれるのではないかと考えている）

〔解説〕

会社が退職社員に渡す雇用保険の離職票の「離職理由」の記載欄に「会社都合による退職」と記入してあげれば，「自己都合による辞職」や「重責解雇」と書くよりも，求職者給付を２カ月早く，しかも長期間求職者給付をもらうことができます（本書236頁）。

また，コロナ禍に伴う特例措置として，求職者給付を60日間延長してもらえることになりました。

5 会社がコロナ不況対応で従業員を休業（自宅待機）にした場合にもらえる雇用調整助成金の金額の程度

〔解説〕

助成率は，解雇等を行わず，雇用を継続している場合，中小企業は平均賃金日額の10分の10，大企業は４分の３です（一部の大企業は最大10分の10）。

なお，日額の上限額は15,000円です（本書245頁）。

6 休業手当の支払義務や退職，解雇の法律ルール，各種の給付金の受け取り方について，無料でわかりやすく教えてくれる専門家の存在

〔解説〕

これらのことを担当している地域の労働基準監督署，都道府県労働局，ハローワーク（公共職業安定所）に気軽に電話したり，出かけて相談してみてください。詳しく相談にのってくれますよ！（本書249頁）

7 会社と社員との間の退職，解雇，賃金支払い等をめぐるトラブルについて，無料であっせん，解決してくれるところ

〔解説〕

雇用調整等をめぐる労使間トラブルが民事訴訟に発展すると，労使双方に高額の弁護士費用等がかかります。ぜひ，第10章で紹介する無料または低額で利用できる制度・方法を有効に活用してください。例えば，都道府県労働局内に設けられている「個別労働紛争解決システム（制度）」があります。年間100万件以上の利用があります（本書258頁）。

本当は，以上の各制度や各労働行政機関は無料ではなく，各企業や社員のみなさんが毎年支払っている高額の税金や労働保険料で設置・運営されているのです。

支払っている税金や労働保険料の分，これらの労働行政機関や制度を十分に活用してみてはいかがでしょうか？　従来から，中小企業よりも大企業の方が，これらの機関を上手に活用しています。

なお，主に第９章で述べている「雇用調整助成金」や，新しく創設される予定の「産業雇用安定助成金」（仮称。本書では扱わず）などにつきましては，厚生労働省のホームページで最新の情報をご確認ください。

本書をお読みいただくことで，コロナや不況への対応が一歩でも前進することを祈念いたします。

令和３年１月

羽田タートルサービス㈱審議役（顧問）
公益財団法人清心内海塾・常務理事
瑞宝小綬章受章（平成28年11月３日）
元厚生労働省長野・沖縄労働基準局長
布施直春

目　次

凡　例

■主な法令名等の略称

安衛法……労働安全衛生法

安衛則……労働安全衛生法施行規則

育介法……育児休業，介護休業等育児又は家族介護を行う労働者の福祉に関する法律（通称　育児介護休業法）

均等法……雇用の分野における男女の均等な機会及び待遇の確保等に関する法律（通称　男女雇用機会均等法）

高年法……高年齢者等の雇用の安定等に関する法律（通称　高年齢者雇用安定法）

最賃法……最低賃金法

職安法……職業安定法

年休………年次有給休暇

派遣法……労働者派遣事業の適正な運営の確保及び派遣労働者の保護等に関する法律（通称　労働者派遣法）

労基監督官……労働基準監督官

変形制……変形労働時間制

みなし制……みなし労働時間制

フレックス制…フレックスタイム制

労基署……労働基準監督署

労基法……労働基準法

労基則……労働基準法施行規則

労契法……労働契約法

労災保険法……労働者災害補償保険法

労組法……労働組合法

パート・契約社員法……短時間労働者及び有期雇用労働者の雇用管理の改善等に関する法律

労働施策総合推進法……労働施策の総合的な推進並びに労働者の雇用の安定及び職業生活の充実等に関する法律

第1章 社員の就業禁止，休業（自宅待機）・時短，年次有給休暇の付与

1 新型コロナウイルス感染者の就業禁止と休業手当支払義務の有無

1．事業者による新型コロナウイルス感染者の就業禁止

Q１　会社は，新型コロナウイルス感染者や感染の疑いのある従業員について，就業禁止にしなければならないのでしょうか。

A１　就業を禁止しなければなりません。

⑴　事業者による「病者の就業禁止」義務とは

労働安全衛生法では，従業員が一定の病気にかかった場合には，会社（事業者）は，その従業員の就業を禁止しなければならないと定めています（同法68条，安衛則61条）。

これを違反したものは，６カ月以下の懲役または50万円以下の罰金刑に処される可能性があります（同法119条）。

労働安全衛生規則61条の第１号では「病毒伝ぱのおそれのある伝染性の疾病にかかつた者」が就業禁止の対象となっています。

新型コロナウイルス感染症は，この条文に該当する疾病です。

したがって，事業者は，同号に該当する（と思われる？）者がPCR検査で陽性になるなど客観的な判断材料がある場合には，就業を禁止しなければなりません。

⑵ 就業規則の「病者の就業禁止」に関する規定例は

図表1－1のとおりです。使用者は，あらかじめ就業規則の中にこのような規定を設け，従業員の過半数代表者の意見を添えて，労働基準監督署に届け出て，従業員に周知しておかなければなりません（労基法89条）

【図表1－1】病者の就業禁止に関する就業規則の規定例

第○○条　会社は，従業員が次の各号のいずれかに該当すると判断したときには，その就業を禁止する。

① 従業員本人，同居の家族，および同居人が他者に伝染・感染する恐れのある疾病にかかったとき

② 心臓，腎臓，肺等の疾病で，労働のため病勢が著しく憎悪するおそれがあるとき

③ 精神障害のために自身を傷つけ，または他人に害を及ぼすおそれがあるとき

④ その他，心身の状態が悪く，就業が困難であるとき

2　会社は，前項の規定により，就業を禁止しようとするときは，あらかじめ，産業医その他専門の医師の意見を聴くものとする。

3　会社は，第1項に規定する場合以外であって，従業員の心身の状況が業務に適しないと判断した場合は，その就業を禁止することがある。

4　従業員は，同居の家族一同居人，および近隣住民が感染症法に定める疾病にかかったとき，またはその疑いがあるときは，直ちに会社に届け出て必要な指示を受けなければならない。

２．休業手当の支払義務はない

Ｑ２　使用者に，新型コロナウイルス感染を理由とする休業従業員に対する休業手当の支払義務はありますか。

Ａ２　使用者には，労基法26条の休業手当を支払う義務はありません。

⑴　労働基準法26条の規定とは

労働基準法には，使用者は，労働者を使用者の責に帰すべき事由により休業させた場合には，休業期間中，その労働者に平均賃金日額の60％以上の休業手当を，法定賃金として，支払わなければならないと規定されています（同法26条）。

したがって，休業手当を支払わなければならないのは，「使用者の責に帰すべき事由による休業」です。

⑵　事業者が新型コロナウイルス感染症を理由に休業させた従業員に休業手当を支払わなければならないか

事業者が就業禁止（休業）を行ったのは，安衛法の規定を守るためのものです。このため，使用者の責に帰すべき事由による休業ではありません。

したがって，使用者には休業手当（平均賃金日額の60％以上の賃金）の支払義務はありません。

Ｑ３　新型コロナ特別措置法の施行日以前（令和２年４月６日以前）に企業が従業員を休業（自宅待機）にした場合，その企業は従業員に休業手当（平均賃金日額の60％以上）を支払う労基法上の義務はありますか。

Ａ３　原則として，休業手当を支払う義務があります。

1）厚生労働省労働基準局は，国から緊急事態宣言が出されたからといって，原則として，使用者の休業手当支払義務がなくなるものではないとしています（令和２年４月10日時点）。

2）都道府県知事から，その業種について休業要請が出された場合についても，強制ではないので，上記１）と同様であると考えられます。

Ｑ４　新型コロナ特別措置法にもとづき，令和２年４月７日以降に企業が従業員を休業（自宅待機）にした場合，休業手当（平均賃金日額の60％以上）の支払義務はあるでしょうか。

Ａ４　原則として，休業手当を支払う義務があります。

令和２年４月中旬以降も，原則として同様です。これらの判断基準の変更の有無，個別具体的な判断等については，最寄りの労働基準監督署または都道府県労働局に問い合わせてください。

2 社員の休業（自宅待機）・時短と会社の休業手当支払いの義務

事業主が新型コロナウイルス感染症の拡大に伴う不況に対応するために，労働者を休業（自宅待機）させ，または労働時間の短縮を行い，労働基準法に定める休業手当（平均賃金日額の60％以上）を支払った場合には，国（ハローワーク）からその事業主に対して雇用調整助成金（休業給付）が支給されます。

この助成金については，第９章で概要を説明しています。

1．休業手当の支払義務と注意点

Q1　休業手当の支払義務とは，どのようなことですか。また，休業手当の支払いについてどんな点に注意が必要ですか。

A１　使用者には，休業手当として，平均賃金日額の60％以上を支払う義務があります。

1）使用者は，自己に責任のある理由で従業員の所定労働日に休ませた場合には，その休業期間について，少なくとも平均賃金（日額）の60％以上を，給与として，給与支給日に支払わなければなりません（労基法26条，図表１－２，図表１－３）。注意してください。

日雇契約，パートタイマーの労働契約（例えば，週２日勤務）の場合には，所定労働日以外の日（労働義務のない日）については，無給にしても適法です。休業手当の支払いは不要です。

2）上述１）の労基法26条の規定は，労働条件の最低基準を定めたものです。したがって，その事業場に雇用されている従業員に適用される労働協約（使用者と労働組合との契約文書），就業規則，労働契約，または労働慣行により，使用者に60％を上回る賃金を支払う義務がある場合には，使用者はそのとおりに支払わなければなりません。

例えば，完全月給制の従業員は，その月に休業（自宅待機）の日があっても，基本給と諸手当は，約束された100％支給されます。

【図表１－２】休業手当を払うとき，払わないとき

会社に責任のある休業（支払義務あり）
- ●経営上の理由による休業（不況，受注減少，資材・資金不足・事業場の設備の欠陥等による休業。ただし，原料・資材等の不足であっても，会社の関与範囲外の原因による場合には，休業手当の支払義務は発生しない）
- ●使用者の故意，過失による休業

会社に責任のない休業（支払義務なし）
- ●火災類焼等，不可抗力によるもの
- ●雨天（あらかじめ雨天は営業しないことを定めている場合）
- ●一部労働者のストライキにより他の労働者が就労できない，または事業主が残りの労働者の就労を拒否した場合
- ●法令を守ることで生じる休業（労基法にもとづく代休命令による休業や労働時間の短縮，安衛法によるボイラー検査，健康診断結果にもとづいて与える休業や労働時間の短縮等）

【図表１－３】休業手当，ここに注意

①　所定休日（労働義務のない日）は対象外

日雇い契約であれば，仕事のない日に休ませても（その日分の労働契約を結んでいないので）支払義務はありません。また，週２日勤務のパート契約であれば，他の５日は支払義務はありません。

②　休業には，労働者の意思に反する使用者による就業拒否も含まれる

特定の従業員に対し，本人の意思を無視して就業を拒否する場合も休業に含む（採用内定者を採用日以後に自宅待機させた場合や，解雇予告中に合理的理由がなく出勤停止を命じた場合等）。

Ｑ２　「半日休業（時短）」等の場合の休業手当の支払額はどのくらいでしょうか。

Ａ２　その従業員の平均賃金日額の60％以上の支払いが必要です。

1）例えば，日給月給制や日給制の社員（１日の所定労働時間が８時間）を半日（４時間）に短縮勤務（残りの４時間は休業）とした場合にも，平均賃金（日額）の60％以上を休業手当（賃金）として支払わなければなりません。例えば，平均賃金（日額）が１万円の人であれば，６千円以上の休業手当を支払わなければならないということです。

2）また，パートタイマー（１日の所定労働時間が４時間）を，１日（４時間）休業としたり，１日２時間勤務にした場合にも，１日の平均賃金（日額）の60％以上の金額を，休業手当（賃金）として支払わなければなりません。例えば，そのパートの平均賃金（日額）が4,000円であるとしたら，休業１日につき2,400円以上の休業手当を支払わなければなりません。

Ｑ３　会社が，従業員に時差出勤を命じた場合の賃金支払額の注意点はなんでしょうか。

Ａ３　実労働時間数が同一であれば，原則として賃金支払額も同額です。

ただし，例えば，午後10時から翌朝の５時までの時間帯に勤務させることにした場合には，「深夜労働」についての「25％以上」の割増賃金を支払わなければなりません（労基法37条）。

Q４　平均賃金（日額）とはどのようなものでしょうか。

A４　休業手当，年休取得時の賃金，解雇予告手当，労災補償，減給制裁等の額を計算する際の基準となる賃金日額のことです。

平均賃金（日額）は，労働基準法12条により，過去３カ月間の賃金を平均して求めることが定められています。

計算方法は図表１－４が基本です。ただし，年次有給休暇取得時の賃金には「所定労働時間だけ労働した場合に支払われる通常賃金（労働日あたり所定賃金）」を用いることもできます。その他，図表１－５の(2)の簡易式の金額が平均賃金（日額）より高くなる場合は，これを用いても適法です。

【図表１－４】休業手当，ここに注意

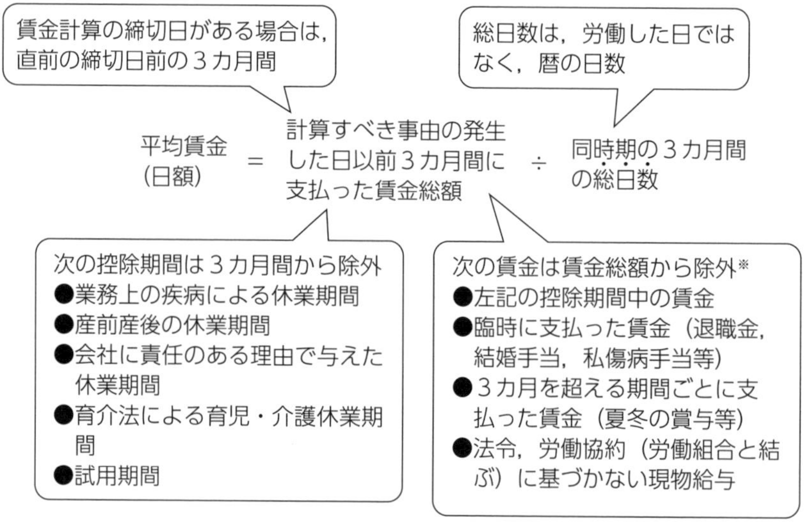

賃金計算の締切日がある場合は，直前の締切日前の３カ月間

総日数は，労働した日ではなく，暦の日数

平均賃金（日額）＝計算すべき事由の発生した日以前３カ月間に支払った賃金総額÷同時期の３カ月間の総日数

次の控除期間は３カ月間から除外
- 業務上の疾病による休業期間
- 産前産後の休業期間
- 会社に責任のある理由で与えた休業期間
- 育介法による育児・介護休業期間
- 試用期間

次の賃金は賃金総額から除外※
- 左記の控除期間中の賃金
- 臨時に支払った賃金（退職金，結婚手当，私傷病手当等）
- ３カ月を超える期間ごとに支払った賃金（夏冬の賞与等）
- 法令，労働協約（労働組合と結ぶ）に基づかない現物給与

※時間外・休日・深夜労働の割増賃金は除外しない

【図表１－５】平均賃金（日額）を出すその他の方法

(1)　賃金支給形態による計算法

①　日給，時間給，出来高給その他の請負制の場合

> 平均賃金（日額）＝
> ３カ月間の賃金÷
> その期間中に労働した日数×
> 60%

②　月給，週給と左記①を併用している場合

> 平均賃金（日額）＝
> 月給・週給の部分の総額÷
> ３カ月間の総日数＋
> 左記①の金額

前ページの基本形の計算式で求めた平均賃金額のほうが，上記①，②よりも高ければ，基本形を使う。

③　雇い入れてから３カ月に満たない従業員の場合

> 平均賃金（日額）＝
> 雇い入れ後に支払った
> 賃金総額÷
> 雇い入れ後の総日数

④　日々雇用する労働者

> 平均賃金（日額）＝
> 従事する事業・職業について厚生労働大臣の定めた額

(2)　簡易式の計算方法

労働日あたり所定賃金＝平均賃金（日額）として扱う

時間給の場合	時間給額にその日の所定労働時間数を掛けた額
日給の場合	日給額
月給の場合	通常賃金をその月の所定労働日数で割った額

◆チェックポイント

□　賃金の総額の中に，時間外・休日・深夜労働の割増賃金，毎月の各種手当も入れたか

➡基本形を使って求める際は，時間外・休日・深夜労働の割増賃金なども含めて計算する。

□　暦日数で割るべきところを，実際の労働日数にしていないか

➡算出方法によって異なるので，再確認を。

Q５　完全月給制の従業員を休業（自宅待機）にした日の賃金支払額はどうなるでしょうか。

A５　基本給等の100％の支払いが必要です。

具体的には，その従業員に適用される就業規則（賃金規程等）の関係規定にもとづき判断されることになります。

就業規則，労働契約書または労働組合と締結した労働協約書の賃金支払いに関する規定が「その月の出勤日数と関係なく，基本給と一定の手当を100％支給する」，または「会社側の事情・判断により従業員を休業（自宅待機）とした場合には，出勤した場合と同様の賃金を支給する」旨の内容になっていれば，労基法26条による休業手当（平均賃金日額の60％以上）ではなく，その就業規則等の規定どおりの金額を支払うことが必要です。

労基法26条の「使用者の休業手当支払義務」の規定は，最低基準を定めた規定ですから，労使間でそれを上回る支払いをすることが決められている場合には，それが優先されるのです。

3　年次有給休暇の付与

Q１　会社から社員へ年次有給休暇の付与（取得）を指示することもできるのでしょうか。

A１　指示することができます。事業にヒマのある間に，早めに年休を与えるのも１つの方法です。

1）その従業員の１週間の所定労働時間，継続勤務期間等に応じて，使用者が，１年間に，与えなければならない年次有給休暇の日数は図表１－６のとおりです。

この付与義務日数の中でも，特に，１年間に５日分については，使用者（会社側）が各従業員に対して取得の時季を指定して年休を与えることが義務づけられています。

2）年休を取得した日については，所定労働時間の勤務をした場合に支払われる通常の賃金を支払うのが一般的です。

例えば，通常８時間勤務をしている人は８時間分，また４時間勤務のパートの場合は４時間分の基本給と諸手当（通勤手当を除く）を支払うということです（労基法39条）。

【図表１－６】年次有給休暇の付与日数

週所定労働時間	所定労働日数		継続勤務した期間に応ずる年休の日数						
	週で定める場合	週以外で定める場合	６カ月	１年６カ月	２年６カ月	３年６カ月	４年６カ月	５年６カ月	６年６カ月以上
週30時間以上			10	11	12	14	16	18	20
週30時間未満	週５日以上	年間217日以上	10	11	12	14	16	18	20
	週４日	年間169～216日	7	8	9	10	12	13	15
	週３日	年間121～168日	5	6	6	8	9	10	11
	週２日	年間73～120日	3	4	4	5	6	6	7
	週１日	年間48～72日	1	2	2	2	3	3	3

年休付与日数は20日が上限。６年６カ月以降は継続勤続年数が長くなっても20日のまま。

第２章 適法な賃金・労働条件引下げのしかた

1 適法な賃金・労働条件引下げの方法

1．適法な賃金・労働条件引下げの方法

Ｑ１　適法に賃金，退職金，労働時間，休日その他の労働条件を引き下げるには，どのような方法がありますか。

Ａ1　現在の賃金・労働条件を，従業員にとって不利な内容に引き下げるには，図表２－１の３つの方法があります。

(1)　ポイントは

賃金，退職金その他の労働条件を従業員に有利な内容に引き上げることは容易です。しかし，使用者が，従業員と合意した労働条件についての契約内容を，従業員にとって不利な内容に引き下げることは，現在の労働関係法令の下では，なかなかに困難なことです。慎重な対応が必要です。

(2)　賃金・労働条件の不利益変更時の原則とは

賃金，労働時間，休日その他の労働条件は，企業と従業員との間の労働契約

で決まります。労働契約というのは，いわば労働力という商品の売買契約のことです。

およそ契約である以上，売買契約であれ，委任契約であれ，契約内容を変更する場合には，契約相手方の同意を得ることが必要であるというのが大原則です。

したがって，一方的に変更内容を通知するだけでは，認められません。この原則を確認しておくことが労使間のトラブルを防止する基本です。

【図表２－１】適法な賃金・労働条件引下げの方法

①　各従業員の個別同意を得る方法

これは，使用者が，労働条件の引下げ（または賃金請求権の放棄）に同意する内容の文書を作成し，各従業員に署名，押印してもらう方法です（使用者と従業員との合意による労働契約内容の変更：労契法８条）。

②　就業規則の変更による方法

これは，現行の就業規則の規定内容を，不利益変更するものです。その事業場の就業規則が適用される全従業員の労働条件をまとめて不利益変更できる利点があります。しかも，使用者の判断のみでできます。

他方，変更の内容，手続きに「合理性」がないと認められません（就業規則による労働契約の内容の変更：労契法９条，10条）。

③　労働協約の締結・改訂による方法

従業員が労働組合に加入している場合には，使用者はその労働組合と団体交渉を行い，その結果にもとづき労働協約を締結・改訂することにより，組合員の労働条件をまとめて変更（不利益変更を含む）することができます（労組法14条）。

さらに，その労働協約が，１つの事業場の労働者の４分の３以上に適用される場合には，その事業場の非組合員である同種の労働者にも拡張適用されます（労組法17条）。

2．法令・労働協約・就業規則・労働契約・労働慣行等の優劣関係

Q２　その労働者の賃金・労働条件について定めている労働法令，労働協約，就業規則，労働契約等の規定内容が異なっている場合は，どの規定によって決まるのですか。

A２　個々の労働者の雇用期間，賃金，労働時間等の労働条件や退職・解雇要件を決めるものには，図表２－２の①から⑧までのものがあります。労働法では，法令・労働協約・就業規則・労働契約等に定められた内容が異なっている場合は，先のものが後のものに優先して決まるというのがルールです。

(1)　具体例をあげると

例えば，東京都のように，最低賃金法により，東京都内の事業場で働く労働者に適用される最低賃金額が１時間当たり1,013円と定められると（図表２－４参照），労働協約，就業規則，労働契約等で1,013円を下回る賃金額を定めても，それらはすべて無効となり，1,013円と定めたものとして取り扱われます。つまり，使用者は労働者に１時間当たり1,013円以上の賃金を支払わなければなりません。

また，就業規則で「当事業所では，パートタイム労働者の１回の雇用期間は１年とする」と定められていても，会社とそのパートとの労働契約書で特約条項として「１回当たりの雇用期間は２年間とする」と定めれば，そのほうがパートにとって有利な内容ですので，この特約条項が優先され，雇用期間は２年間となります。

【図表２－２】法令・労働協約・就業規則・労働契約・労働慣行等の優劣関係

区　分	説　　明
①労働法令	労働基準法，最低賃金法，男女雇用機会均等法その他の法律，政令，省令が最優先します。
②裁判例	就業規則の不利益変更に関する判例（最高裁の判断）が法令と同様の効力をもちます。
③労働協約	労働協約とは，労働組合と使用者，またはその団体との間に結ばれる労働条件その他に関する協定で，書面で作成し，両当事者が署名，記名押印したものをいいます（労組法14条）。
④労働契約（特約条項のみ）	就業規則の規定に優先することを明確にした労働契約の特約条項（契約の規定内容が就業規則よりもその労働者に有利なものに限る）は，就業規則に優先した効力をもちます（労契法７条ただし書）。
⑤就業規則	使用者が，各事業場において労働者の守らなければならない就業上の規律，職場秩序及び労働条件についての具体的内容を文書にしたものです。
⑥労働契約（一般条項）	個々の労働者の労働条件は，上記①～③，⑤のものに反しない限り，労働契約による当事者（使用者と労働者）の合意によって内容が定められ，また内容が変更されます（労契法６条，８条）。
⑦民法の規定	労働契約の合意の内容をさぐったり，合意が存在しない場合にそれを補充したり，著しく不合理な合意を抑制したりするうえで，民法の規定（雇用：623条）と裁判所の法理（採用内定の法理など）の任意法規的性格のものが用いられます。
⑧労働慣行（労使慣行）	労働関係上の慣行（労働慣行）も，当事者間の「黙示の合意」の内容になることによって法的な意味をもつことになります。例えば，長年続いてきた取扱いがその反復・継続によって労使間で労働契約の内容になっていると認められている場合には，その取扱いは労働契約としての効力が認められます。

2　従業員の個別同意を得る方法

1．従業員の個別同意を得る方法

Ｑ１　各従業員の個別同意を得る方法とは，どのようなことですか。

Ａ１　これは，使用者が，労働条件の引下げ（または賃金請求権の放棄）に同意する内容の文書を作成し，この文書に各従業員から署名，押印してもらう方法です。

つまり，使用者と各従業員との合意による労働契約内容の変更ということです。

Ｑ２　従業員の個別同意を得る方法は，どのような法規定にもとづくものですか。

Ａ２　労契法８条（労働契約の内容変更）にもとづくものです。

⑴　労契法８条の趣旨は

当事者の合意により契約が更新されることは契約の一般原則であり，この原則は，労働契約についても当てはまります。労契法８条は，この労働契約の変更についての基本原則である「労働者と使用者の合意の原則」を確認したものです。

⑵　労契法８条の規定内容は

労契法８条は，「労働者及び使用者」が「合意」するという要件を満たした場合に，「労働契約の内容である労働条件」が「変更」されるという法的効果が生じることを規定したものです。また，同法８条に「合意により」と規定されているとおり，労働契約の内容である労働条件は，原則として，労働契約の締結当事者である労働者及び使用者の合意のみにより変更されます。したがって，労働契約の変更の要件としては，変更内容について書面を交付することまでは求められていません。

労契法８条の「労働契約の内容である労働条件」には，労働者及び使用者の合意により労働契約の内容となっていた労働条件のほか，同法７条本文により就業規則で定める労働条件によるものとされた労働契約の内容である労働条件，同法10条本文により就業規則の変更により変更された労働契約の内容である労働条件及び同法12条により就業規則で定める基準によることとされた労働条件が含まれるものであり，労働契約の内容である労働条件はすべて含まれます。

⑶　労働条件とは

労契法８条の「労働条件」とは，賃金，退職金，雇用期間，労働時間はもちろんのこと，解雇，雇止め，出向，転籍，災害補償，安全衛生，寄宿舎等に関する条件をすべて含む労働者の職場における一切の待遇のことをいいます。

２．賃金・労働条件引下げの具体的な方法

Ｑ３　賃金・労働条件引下げは，具体的にどうすればよいのですか。同意書の書式例も示してください。

Ａ３　図表２－３のような同意書を作成します。

⑴　労働条件引下げの具体的な方法は

労働者と使用者は，両者の合意により，労働契約の内容である賃金・労働条件を変更することができます（労契法８条）。

例えば，会社の受注量が急に大幅減少して契約どおりの賃金支払いが困難になったとします。そして使用者が，各従業員に事情を説明して一時的な基本給

の引下げ（賃金請求権の放棄）について同意を得たとします。

図表２－３の書式例の同意書の署名，押印を得ておけば，賃金の引下げの同意，または各従業員の意思にもとづく賃金請求権の放棄として，事実上，その部分の賃金を支払わなくても賃金不払い（労基法24条違反）とはなりません。

なお，同意書をとっておいても，この同意が労契法12条（就業規則違反の労働契約）の規定により無効になってしまうおそれもあります。

したがって，同意を得た場合も，変更した（賃金引下げした）部分の就業規則（賃金規程）の規定は必ず改訂（時限立法的な附則で足りる）しておかなければなりません。

例えば，次のとおりです。

附則○条　第○条で定める基本給については，令和○年○月から１年間，その５％相当分を引き下げた金額を支給するものとする。

また，基本給の引下げが恒常的なものである場合には，同意書と就業規則（賃金規程）の関係規定の表現を，期間を限定しない表現にします。

なお，上記の労働者の同意が労働者の賃金の一部放棄であると法的構成が可能な場合は，労契法12条の適用はないと解されます。

【図表２－３】賃金引下げ同意書（例）

賃金引下げ同意書（賃金請求権の一部放棄同意書）

○○○会社
○○社長様

令和○年○月○日
従業員○○○○　㊞

私は，次のことに同意します。

① 令和３年１月から１年間，毎月の基本給の金額を５％引き下げられること（基本給が30万円から28万5,000円になること，15,000円分の賃金請求権を放棄すること）。

② 本同意書の記載内容は，私に適用される正社員賃金規程に優先する効力を持つこと。

3．引下げ後の賃金・労働条件の内容

Q４　引き下げた後の賃金や労働条件の内容について，注意すべきポイントはなんでしょうか。

A４　これらは，法令違反の内容であってはなりません。

例えば，賃金の額については，各都道府県ごとに図表２－４のように「地域別最低賃金額（時間給）」が定められています。例えば，東京都の地域別の最低賃金額は1,013円です（令和２年11月現在)。

その他にも，労働基準法等で最低労働条件が定められていますので，それらを守ってください。

【図表２－４】地域別最低賃金額一覧（47都道府県：令和２年11月１日時点）

都道府県名	最低賃金時間額【円】	都道府県名	最低賃金時間額【円】
北海道	861	滋　賀	868
青　森	793	京　都	909
岩　手	793	大　阪	964
宮　城	825	兵　庫	900
秋　田	792	奈　良	838
山　形	793	和歌山	831
福　島	800	鳥　取	792
茨　城	851	島　根	792
栃　木	854	岡　山	834
群　馬	837	広　島	871
埼　玉	928	山　口	829
千　葉	925	徳　島	796
東　京	1,013	香　川	820
神奈川	1,012	愛　媛	793
新　潟	831	高　知	792
富　山	849	福　岡	842

石　川	833
福　井	830
山　梨	838
長　野	849
岐　阜	852
静　岡	885
愛　知	927
三　重	874

佐　賀	792
長　崎	793
熊　本	793
大　分	792
宮　崎	793
鹿児島	793
沖　縄	792
全国加重平均額	902

４．従業員の個別同意を得る場合の注意点

Ｑ５　個々の従業員から賃金・労働条件引下げの同意を得る場合に，どのような点に注意したらよいかを教えてください。

Ａ５　具体的な注意点は図表２－５のとおりです。とくに，説明会の開催と個別合意書の取得が不可欠です。

(1)　従業員の個別同意を得る場合の注意点は

現在の労働条件を従業員にとって不利益な内容に変更するためには，原則としてその従業員の同意を得ることが必要です。同意のとり方は，それが法的に同意を得ていると認められる，つまり，民事訴訟等で同意が有効であると認められる方法でとっておかなければなりません。

【図表２－５】従業員の個別同意を得る場合の注意点

1　あらかじめ，対象従業員に説明会を開催し，労働条件の変更内容を十分に説明すること。
2　対象従業員に正攻法で説得すること。
3　対象従業員に十分に検討期間を与えること。
4　対象従業員から個別の合意書・同意書を得ておくこと。
5　同時に，就業規則（賃金規程）も変更すること。

⑵ あらかじめ，対象従業員に労働条件の変更内容を十分に説明するというのは

事前に，説明会を開催するなどし，経営者がみずからの言葉で図表２－６のことを十分に説明し，質問に答えることが必要です。

【図表２－６】給与カット（引下げ）の際の経営者の説明事項（例）

① 具体的な労働条件変更の内容（例）
　a 給与カットの対象となる従業員の範囲
　b カットの対象となる給与（基本給，諸手当など）
　c 給与カットの率または額
　d 給与カットを実施する期間
② 給与カットが不可欠であること
③ 給与カットに踏み切る前に経営者や役員としてできる限りの努力をしてきたこと
④ 今後，業績回復にむけてどのような努力をするかということ

⑶ 経営者側が対象従業員に対して正攻法で説得し，同意を得るというのは

例えば「同意しないと辞めてもらう」，「同意しないと今後の人事評価が低くなる」などの発言は禁物です。裁判所は，賃金引下げの有効・無効をめぐる民事訴訟では，「従業員の同意については，それが真意にもとづくものであるか否か」を慎重に検討する傾向にあります。

裁判所は，合意書・同意書があるというだけで無条件にその効力を認めるのではありません。当該合意書・同意書に対象従業員がサイン（署名）するに至った説明過程・説得過程に問題があれば，仮に合意書・同意書があったとしてもその効力が否定されるリスクがあるのです。

図表２－７は，動機の錯誤により無効とされた事案です。

【図表２－７】動機の錯誤により無効とされた事案

駸々堂事件（大阪高判平10・７・22・労判748-98）
　賃金の引下げ（時給966円から535円ないし730円に），労働時間の短縮（１時間短縮），雇用期間の定めの変更（期間の定めのない雇用から６カ月の有期用契約に）という労働条件の大幅切下げを行った事案。
　従業員は新社員契約書にサインをしていたが，裁判所は「新社員契約に応じなければ雇用関係を維持できないと考えて締結したものと認められ，動機の錯誤として無効」（わかりやすくいえば，契約書にサインしなければクビになると考えて間違ってサインしたものなので無効）であると判断した。

⑷　対象従業員に十分な検討期間を与えるというのは

対象従業員に十分な検討期間を与えずにその場で合意書・同意書にサインさせる場合が実務上よくあります。しかし，十分な検討期間を与えなければ，民事訴訟になった場合，従業員側から「検討する時間もなく，意味がよく理解できないまま同意書にサインをさせられた」などと主張され，同意書が無効と判断されるリスクがあります。図表２－８の事案は，従業員に対して検討期間を与えることの重要性を再認識させられる裁判例です。

【図表２－８】検討期間を与えたことにより有効となった事案

大塚製薬事件（東京地判平16・９・28・労経速1894・３）
　転籍に同意し同意書にサインしていた従業員が，転籍せずにそのまま会社に残るという選択肢はないと誤解して転籍に同意したので，当該同意書は無効であると主張した事案。裁判所は約３週間の検討期間もあったとして従業員の主張を排斥した。

⑸　対象従業員の合意書・同意書を得ておくというのは

雇用の形態，期間・賃金など重要な労働条件の不利益変更については，各従業員の明確な合意書・同意書をとってから実施しなければなりません。

従業員の明確な合意書・同意書がないと，民事訴訟では合意が否定される危険性があります。合意が否定された裁判例は，図表２－９のとおりです。

【図表２－９】従業員の同意書がないため合意が否定された判決例

①　更生会社三井埠頭事件（東京高判平・12・12・27・労判809・82）

会社が管理職全員を招集して賃金カット（基本給・職能等級手当・職能資格手当・役職手当・住宅手当・家族手当の合計額20％を「調整金」名目で控除。10万円前後の金額のカット）を告げて減額支給した事案。

会社は「賃金支払日に管理職から特に異議申立もなかったので同意があった」と主張したが，裁判所は会社が同意書をとっていないこと，口頭でも同意を求めようともしていない点などを指摘して，「管理職が自由な意思に基づいて減額通知を承諾したと考えることはできない」と結論づけた。

②　日本構造技術事件（東京地判平・20・１・25・労判961・56）

経営難から２月以降本俸の５％（一般職）～15％（部長職）の賃下げを通知して，減額した賃金支給を行った事案。

明確な同意書はなかったが，会社は「説明会を通じて従業員に減額の趣旨を説明したが質問が出なかった，その後にも反対意思を表明した者はいなかった。したがって賃下げについて従業員の同意が成立している」と主張した。

しかし，裁判所は「重要な労働条件の変更には，従業員各人からの同意書等を徴求することによって意思表示の確実を期さなければ確定的な合意があったとは考えられない」，「（会社のやり方は）賃金減額への同意の意思を確認する方法として不十分」と判断して会社の主張を認めず，賃下げ分の支払いを会社に命じた。

⑹　同時に就業規則（賃金規程）も変更するというのは

労働条件の不利益変更が一時的なものではなく，恒常的な変更となる場合には，合意書・同意書を作成しておくだけではなく，就業規則・賃金規程の関係規定も同時に変更しておくことが必要です。その理由は訴訟で対象従業員から就業規則（賃金規程）に反するような同意書（合意書）自体が無効と主張されるリスクがあるからです（労契法12条）。

５．強迫・錯誤・詐欺による労働条件引下げ同意の効力

Ｑ６　使用者側（上司など）が従業員を強迫したり，ダマして同意させた場合，その同意の効力はどうなるのでしょうか。

Ａ６　賃金など労働条件の引下げについての従業員の同意の意思表示が強迫や錯誤，詐欺によるものであった場合には，その同意の意思表示が，民法の規定により取り消されたり，無効になります。

⑴　強迫による同意の効力は

会社側が従業員に畏怖心を生じさせ，賃金引下げに同意させた場合は，強迫によるものとして，その従業員の同意の意思表示の取消しが認められます（民法96条１項）。

⑵　錯誤，詐欺による同意の効力は

錯誤による労働条件引下げ同意の意思表示は無効とされ（民法95条），詐欺によるものは取消しが認められます（民法96条１項）。錯誤による同意としては，例えば，労働条件引下げに同意しないとクビになる（解雇される）と思い込み，同意した場合です。

6．変更解約告知とは

Ｑ７　変更解約告知とは，どのような考え方のことでしょうか。また，変更解約告知を認めた判例はどのような場合に，その告知を認めるとしているものでしょうか。

Ａ７　変更解約告知とは，使用者が従業員に対して，従来よりも不利益な条件による新契約締結の申込みを行い，従業員がこれに応じない場合には解雇する措置のことをいいます（図表２－10）。

⑴　変更解約告知とは

例えば，正社員について，賃金を10％ダウンすることに合意しなければ解雇するという方法のことです。これは，ドイツで生み出された理論です。

この考え方は，これまでの日本の制定労働法令と労働判例の考え方とは大きな隔たりがあり，容易に認められることはないと思われます。

【図表２－10】変更解約告知とは

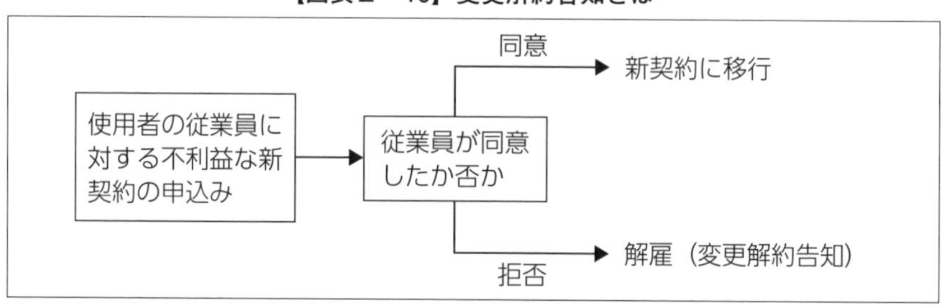

⑵　変更解約告知が認められる場合とは

日本で唯一，この変更解約告知を認めた事件として紹介されているのはスカンジナビア航空事件（東京地裁平成７年４月13日決定・判時1526・35）です。ただし，この事件の判決も，変更解約告知を認めるについて図表２－11のように厳しい要件を設けています。

【図表2－11】スカンジナビア航空事件判決でいう変更解約告知が認められる要件

労働者の職務，勤務場所，賃金及び労働時間等の労働条件の変更が会社業務の運営にとって必要不可欠であり，その必要性が労働条件の変更によって労働者が受ける不利益を上回っていて，労働条件の変更を伴う新契約締結の申込みがそれに応じない場合の解雇を正当化するに足りるやむを得ないものと認められ，かつ，解雇を回避するための努力が十分に尽くされているときは，会社は新契約締結の申込みに応じない労働者を解雇することができる。

3　就業規則の変更による方法

1．就業規則の不利益変更の問題とは

Ｑ１　「就業規則の不利益変更」の問題とは，どのようなことでしょうか。就業規則を不利益変更する会社と，その変更に反対する従業員の主張は，それぞれどのようなものでしょうか。

Ａ１　就業規則の不利益変更の問題は，会社が就業規則に，従業員にとって不利益な規定を新設したり，内容を不利益なものに変更する場合に，それに反対する従業員にも就業規則の規定の新設・変更の内容を適用できるか否かということです。

(1)　ポイントは

労契法９条・10条と最高裁判例は，「その就業規則の新設・変更が合理的なものである場合に限って」，個々の労働者の同意がなくても，新設・変更後の就業規則を労働者に適用できるとしています。

就業規則の規定の新設・変更によって，従業員のこれまでの権利を奪い，不利益な労働条件を一方的に課することは，原則として許されません。

しかし，就業規則は，その事業場の全従業員の労働条件を統一して決めるためのものですから「その規定の新設・変更が合理的なものである場合に限って」個々の労働者の同意がなくても，新規定はこれらの労働者に適用されます。

(2)　就業規則の不利益変更問題のあらましは

この問題のあらましは，図表２－12のとおりです。

【図表2－12】就業規則の不利益変更問題のあらまし

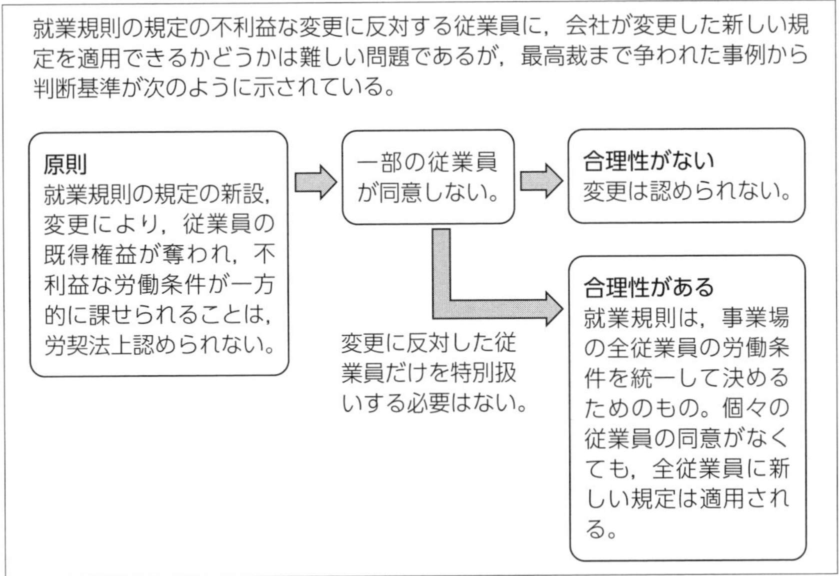

(3) 会社側の主張は

会社は，経営事情，労働法令，社会情勢等が変わると，従来の就業規則のうち，例えば，定年年齢，労働時間，賃金制度等を実情に合うものに変更せざるを得なくなります。

ところが，変更後に，その就業規則変更に反対する従業員に対して変更した就業規則を適用できないことになると，①実情に合わない古い規則を全従業員に適用したままでいくか，または，②反対する従業員には古い規則を適用し，賛成する者には新しい規則を適用せざるを得なくなります。しかしこの②では，就業規則を定める目的である，従業員の労働条件を斉一的に処理することができません。

(4) 最高裁の判断は

秋北バス事件判決（昭和43年）で，次の①②の判断基準が示され，現在もそれが用いられています。

①　就業規則の規定の新設・変更によって，従業員のこれまでの権利を奪い，

不利益な労働条件を一方的に課することは，原則として許されません。

② しかし，就業規則は，その事業場の全従業員の労働条件を統一して決めるためのものですから，「その規定の新設・変更が合理的なものである場合に限って」個々の労働者の同意がなくても，新規定はこれらの労働者に適用されます。

⑸ 労契法９条・10条の規定内容は

上記⑷の最高裁判例の考えが労契法９条，10条に定められています。

２．労契法の「就業規則の不利益変更」ルール

Ｑ２ 労契法の規定では「就業規則の不利益変更」のルールをどのように定めているのですか。

Ａ２ 労契法は，その就業規則の変更が合理的なものである場合に限って，個々の労働者の同意がなくても，変更後の就業規則を，変更に反対する労働者にも適用できると定めています（労契法９条・10条）。

⑴ 就業規則の変更により労働契約の内容を変更できるか

使用者は，労働者と合意することなく，就業規則を変更することにより，労働契約の内容（労働条件）を，労働者にとって不利益なものに変更することはできません（労契法９条）。ただし，次（労契法10条）の要件を満たした場合には，就業規則の変更により労働条件を従業員にとって不利益な内容に変更することができます（労契法９条ただし書）。

⑵ どんな場合に就業規則の変更により労働契約内容を変更できるか

使用者が就業規則の変更により，労働条件を変更する場合において，図表２－13のすべての要件を満たすときは，労働契約の内容である労働条件は，その変更後の就業規則に定めるところによるものとします（労契法10条本文）。

⑶　労働契約（特約条項）も変更されるのか

労働契約において，労働者及び使用者が就業規則の変更によっては変更されない労働条件として合意していた部分（特約条項）については，就業規則が変更されても，変更されません。ただし，就業規則で定める基準に達しない労働条件を定める労働契約（特約条項）は，就業規則の変更により，変更されます（労契法10条ただし書）。

【図表２－13】就業規則の変更により労働契約内容を不利益変更できる要件
（労契法10条本文）

①　変更後の就業規則を労働者に周知させること。
②　就業規則の変更が次のすべての事情に照らして合理的であること。
　A　労働者の受ける不利益の程度
　B　労働条件の変更の必要性
　C　変更後の就業規則の内容の相当性
　D　労働組合，従業員との交渉の状況
　E　その他の就業規則の変更に係る事情

3．最高裁判例の「就業規則の合理的変更か否か」の判断基準

Ｑ３　最高裁の判例では，どのような場合に，その就業規則の不利益変更に合理性があると判断しているのですか。

Ａ３　図表２－14のとおりです。

⑴　ポイントは

これまでに５件出されている最高裁判例の中から，合理的な理由があると判断された３件のうちの２件について，そのあらましを紹介し，就業規則の不利益変更についての合理性の判断基準をさぐってみましょう。

⑵　合理的変更と認められた秋北バス事件の理由は

本件は，主任以上の従業員に55歳定年制を新設し，定年を過ぎた者を解雇した事案です（昭和43年判決）。最高裁は，次の理由で合理的変更と認めたものです。

①　55歳定年制は社会の大勢
②　一般従業員の定年は50歳
③　定年到達者については，退職後嘱託として再雇用の予定
④　主任以上の管理職の多くは了承

⑶　合理性ありとした大曲市農協事件の理由は

本件は，農業協同組合の合併に伴い職員の待遇を統一する中で，退職金の支給倍率を低下させた事案です（昭和63年判決）。最高裁は，次の理由で合理性ありとしたものです。

①　退職金支給倍率の低減による退職金額の減少は，他方で行われた給与増額により相当に緩和される。
②　支給倍率の変更は７農協の合併にあたっての緊要な課題である。
③　退職金の支給倍率の格差は，被上告人らの農協のみが県農協中央会の指導，勧告に従わなかったため発生したものである。
④　合併に際しての給与調整の累積額が退職金額の低下分にほぼ匹敵する。
⑤　合併に際してはその他の労働条件も改善する。

⑷　最高裁判例が示す「合理性」とは

上記⑵，⑶の最高裁判例から共通に示されている「就業規則の不利益変更の合理性」とは，図表２－14のことをいいます。

【図表２－14】最高裁判例が示す「合理性」とは

①　その就業規則変更に必要性があること
　就業規則の変更が，事業の経営上やむを得ない場合など，その理由が客観的にみて十分な妥当性と合理性があること。
②　使用者が従業員の不利益減少の努力をすること

例えば，賃金制度を変更する場合，経過措置を設け，痛手の緩和を図るなど，変更内容による従業員の不利益をできるだけ少なくするように対応すること。

③　使用者が他の労働条件の改善を行うこと

例えば，退職金の引下げの代わりに月々の基本給を引き上げるなど，他の労働条件を改善して，変更する主な事項の不利益を補うこと。

④　使用者が労働組合，従業員との話し合いを尽くすこと

会社側が誠意をもって労働組合，従業員と話し合うこと。判例で合理性があると認めたケースは，両者が話し合いを尽くしていることが多い。

4．合理的変更と認められるための使用者の対応ポイント

Ｑ４　労契法の規定と最高裁判例からみて，使用者が就業規則を不利益変更する場合に，その変更に合理性があると認められるための労務管理上のポイントは，どのようなことでしょうか。

Ａ４　以下の⑵～⑺の項目の見出しに記載してあることがポイントです。

⑴　合理性が認められる対応方法は

次の①，②からみて，使用者が就業規則を不利益変更する場合に，その変更に合理性があると認められるための労務管理上のポイントは，以下の⑵～⑺のとおりです。

①　労契法９条，10条の規定内容

②　最高裁判例

⑵　変更後の就業規則の労働者への周知は

使用者は，変更後の就業規則を，その規則が適用される全従業員（正社員，パート，契約社員，日雇い等）に周知しておくことが必要です。

労基法で，使用者に対して，就業規則を，書面の交付，常時各作業場の見やすい場所に掲示・備付け，磁気テープ・ディスクの使用のいずれかの方法により従業員に周知させることが義務づけられています（労基法106条）。これに違

反した者は，30万円以下の罰金に処せられます（労基法120条）。

⑶ 就業規則の変更により従業員の受ける不利益の程度・軽減措置は

従業員の受ける不利益が小さいほど，また，使用者が不利益を軽減するための措置を講じているほど，合理的な変更であると判断されます。

⑷ 就業規則の変更による労働条件変更の必要性は

就業規則の規定を新設または変更して従来の労働条件を不利益変更する場合には，事業経営上ぜひとも必要で，社会一般からみても妥当性・合理性のあることが必要です。

判例で特に重要視されるのは，変更内容が定年の新設・延長，労働時間短縮といった労働者の利益をめざす社内制度の改革のなかでの，関連する労働条件の調整です。その必要性が企業側にとって高いだけでなく，多数労働者あるいは労働者全体の利益に通じる場合です。

⑸ 変更後の就業規則内容の妥当性は

就業規則の変更内容が，労働者にとっての不利益をできるだけ少なくなるように，使用者が対応することが求められます。例えば，図表２－15のとおりです。

【図表２－15】労働者の不利益減少の努力例

① 退職金制度の変更の場合，不利益の程度が大きくなる定年退職間近の労働者のために経過措置を設け，痛手の緩和を図る。
② 退職金算出時の基礎支給額を引き上げて，退職金額の減少幅をできるだけ小さくする。あるいは，退職金支給倍率の低減幅をできるだけ小さくする。

また，判例では他の労働条件を改善・向上させて主たる変更内容（労働条件の引下げ）のマイナス分を補うことがきわめて重視されています。

(6)　労働組合等との交渉の状況は

使用者は，労働組合の代表者，または従業員と誠意をもって話し合いを尽くすことが重要です。判例が合理性があると認めた典型的な事例は，少数組合は変更に反対しているものの，会社側が多数労働組合の代表者との話し合いを尽くし，変更を受け入れさせたものです。

(7)　その他の就業規則の変更に係る事情は

例えば，労働組合の代表者や従業員が，その不利益変更にどの程度理解を示しているかなども考慮されます。

(8)　新たに就業規則を定めた事業場の取扱いは

労基法で作成・届出義務のない従業員９人までの事業場が，労契法の施行を契機として新たに就業規則を作成・周知した場合には，就業規則で定める労働条件が従業員に適用されるでしょうか。政府原案では，下記のように予定されていました。

> （労働契約の内容と就業規則の関係）
> 第７条　使用者が合理的な労働条件が定められている就業規則を労働者に周知させた場合には，労働契約の内容は，その就業規則で定める労働条件によるものとする。

しかし，同条が国会で次の内容に修正されました。このため，上述の場合，従来の労働契約と新たに作成された就業規則のいずれが従業員に優先適用されるかが，必ずしも明確になっていないという問題点が生じています。

> 第７条　労働者及び使用者が労働契約を締結する場合において，使用者が合理的な労働条件が定められている就業規則を労働者に周知させていた場合には，労働契約の内容は，その就業規則で定める労働条件によるものとする。ただし，労働契約において，労働者及び使用者が就業規則の内容と異なる労働条件を合意していた部分については，第12条に該当する場合を除き，この限りでない。

5．就業規則の変更・届出・周知の手順

Q５　労契法，労基法に定められている就業規則の変更・届出・周知の手順を教えてください。

A５　図表２－16のとおりです。

労契法11条により，就業規則の変更の手続きに関しては，労基法89条及び90条の定めるところによると規定されています。

就業規則の具体的な変更・届出・周知の手順は図表２－16のとおりです。

常時10人以上の労働者を使用する使用者については，同図表の①，②及び④の実施が義務づけられています（労基法89条，90条）。

また，使用労働者数と関係なく，使用者は，同図表④の作成・変更した就業規則を，適用される事業場の労働者に周知することが義務づけられています（労基法106条）。

【図表２－16】会社の就業規則変更の手順

①　就業規則の変更案を作成する。

↓

②　上記①を対象事業場の｛全従業員の過半数を占める労働組合／全従業員の過半数を代表する従業員｝に示し，意見聴取を行う。意見を書面でもらう（図表２－17）。

↓

③　聴取した意見を検討し，就業規則の変更内容を正式に決定する。

↓

④　上記③の変更した就業規則（②の意見書も添付）を所轄の労働基準監督署長に届け出て受理してもらう（図表２－18）。

↓

⑤　上記④の変更した就業規則を，適用される事業場の全従業員に周知する。

【図表２－17】意見書のモデル例

意見書	意見がある場合
令和○年○月○日，従業員の全員投票により過半数をもって選出された○○○○より，当社就業規則変更案について，口頭で意見がない旨が述べられ，同人は確認の署名をした。 令和○年○月○日 ○○会社従業員代表者 ○○○○　㊞ ○○会社代表取締役○○○○　㊞	下記の意見が述べられ，同人は確認の署名をした。 記 賃金の早期引上げを望む 意見書の様式はとくに決まっていないので，左記のモデル例を参考にしよう。代表者の署名または記名押印を忘れずに。

【図表２－18】就業規則作成（変更）届のサンプル

就業規則作成（変更）届

令和○年○月○日

○○○労働基準監督署長殿

代表取締役
使用者職氏名　山田三郎　㊞

今般，別添のとおり，当社の就業規則を作成（変更）いたしましたので，従業員の過半数代表者の意見書を添付の上，お届けいたします。

1　事業場名等

事業場名	有限会社　山三商店
所在地	○○市○○町○丁目××
業種（業務内容）	食料品の小売業
従業員	14人（正社員６人，パートタイマー８人）

2　主な変更事項（変更の場合のみ）

変更条文	変更後	変更前
第○○条		

4　労働協約の締結・改訂による方法

1．労働協約の締結・改訂による労働条件の不利益変更とは

Q 1　「使用者は，労働組合と労働協約を締結・改訂することにより，従業員の労働条件を不利益変更できる」というのは，どのようなことですか。

A 1　労働協約とは，使用者と労働組合，またはその団体とが結ぶ契約文書のことです（労組法14条～18条）。労働協約は，就業規則や労働契約に優先する効力を持ちます。自社の従業員が労働組合を組織している場合には，使用者が労働組合と団体交渉をし，労働協約を結び，または現行の労働協約を改訂することにより，その組合に加入している従業員の労働条件を切り下げるという方法もあります。

⑴　労働協約締結の効力とは

新たに結んだ労働協約の内容は，その規範的効力により組合員全員に及びます。個別にその不利益変更に反対する組合員がいたとしても，その組合員を拘束します。

さらに，労働協約には，一般的拘束力というものもあります（労組法17条）。その労働協約が同種の労働者の４分の３以上に適用される場合には，他の同種の労働者（非組合員）にも拡張適用されるというものです。

⑵　労働協約は管理職（利益代表者）には適用されないとは

管理職（使用者の利益代表者）は，労働組合に加入できないので，労働協約の新設，改訂による労働条件の不利益変更の方法はとれません。上記の一般的拘束力による拡張適用という方法もとることができません。

ここで「管理職（利益代表者）」というのは，自社の従業員の雇入れ，解雇，

昇進または異動に関して直接の権限を持つ監督的地位にある労働者，使用者の労働関係についての計画と方針とに関する機密の事項に接し，そのためにその職務上の義務と責任とが当該労働組合の組合員としての誠意と責任とに直接抵触する監督的地位にある労働者その他使用者の利益を代表する者（労組法２条１号）のことをいいます。

２．労働協約書のモデル例と作成時の留意点

Ｑ２　労働条件を引き下げる労働協約書のモデル例を示してください。また，協約書作成時の留意点を教えてください。

Ａ２　賃金引下げの労働協約書のモデル例は，図表２－19のとおりです。

(1)　労働協約書作成時の留意点は

労組法14条には，「労働組合と使用者又はその団体との間の労働条件その他に関する労働協約は，書面に作成し，両当事者が署名し，又は記名押印することによって効力を生ずる」と明記されています。

後日，労働協約の効力に疑義が生ずることのないように，必ず上述（一定の書面作成）のことを守ってください。なお，押印する印は実印である必要はなく，いわゆる三文判でも有効です。

【図表２－19】賃金引下げに関する労働協約書（例）

労働協約書

○○株式会社（以下「会社」という。）と○○株式会社社員労働組合（以下，「組合という。）は，会社の給与の支払いに関して，次のとおり合意し，労働協約を締結する。

１　全組合員の月例給与のうちの基本給を，令和２年４月から令和４年３月までの間，10%引き下げて支払うこと。

２　令和２年及び同３年の年２回の賞与額を，それぞれ令和元年の各組合員に対する支給額の30%を減額して支払うこと。

3　上記１，２の取扱い対象事業場は，会社のすべての事業場とすること。

令和○年○月○日
○○株式会社
代表取締役社長
○○○○㊞

○○株式会社
社員労働組合
執行委員長
○○○○㊞

３．労働協約締結・改訂時の注意点

Ｑ３　労働協約とは，誰と誰とがどのような形，手続きで結ぶものですか。

Ａ３　労働協約は，使用者と労働組合またはその団体との間の契約文書のことです。労働協約は，就業規則や労働契約に優先する効力を持ちます（労基法92条・労組法16条）。

しかし，その効力は，労基法その他の労働法令には劣ります。

(1)　労働協約というのは

労働協約とは，労働組合と使用者またはその団体との間に結ばれる労働条件その他に関する協定文書で，労組法に定める方式をとっているものをいいます（労組法14条）。労働協約の内容は，通常，図表２－20のように２つに分けられます。労働協約には，労組法により，普通の契約とは異なる図表２－21の①～④の特別の効力が認められています。

⑵　労働協約の締結のねらいは

労働協約を結ぶことは，労働組合にとっては，使用者との団体交渉によって組合員のために獲得した労働条件その他の待遇を一定期間効果的に保持することにつながります。他方，使用者にとっては，その都度の労働組合との団体交渉のわずらわしさを避け，労使紛争の発生を予防し，労使関係を安定させることにつながります。

⑶　労働協約の締結・改訂の方式は

労働協約は，必ず文書にし，労働組合と会社それぞれの協約を締結する権限を与えられた者が署名または記名押印することが必要です。労使の取決めが，以上の方式を備えていれば，その名称が「協定」「確認書」「覚書」といったものであっても，すべて労働協約としての効力を有します（労組法14条）。

⑷　労働協約の有効期間は

労働協約は，３年を超える期間について定めることはできません。

３年よりも長い有効期間の定めをした協約は，３年の有効期間の定めをしたものとみなされます。

有効期間の定めのない協約は，当事者の一方が署名し，または記名押印した文書によって90日以上前に予告して解除することができます。

期間の定めのある協約で，無期限自動延長の規定のあるものが期間を経過した後についても同様です（労組法15条）。

⑸　労働協約の内容は

労働協約については，上記⑶，⑷に述べた以外に法律上のきまりは何もありません。形態も記載内容も当事者が自由に決めることができます。

就業規則のように法律で必要記載事項が決められているわけでもなく，監督官庁への届出も必要ありません。ただし，法律で禁止されていることや公序良俗（公共の秩序・良い風俗・習慣）に反することを取り決めても無効です。

【図表２－20】労働協約の内容

労働協約の内容	説　　明
①　規範的部分	労働組合加入労働者の雇用形態，賃金，労働時間などの労働条件，退職・解雇要件，福利厚生などの待遇その他について定めている部分
②　債務的部分	事業場内での労働組合活動の方法，団体交渉の手続きなど上記①以外について定めている部分すべて

４．労働協約締結・改訂による強い効力

Ｑ４　労働協約を結ぶと，労使間にどのような効力が生じるのですか。

Ａ４　使用者と労働組合とが労働協約を結ぶと，労使双方に図表２－21の①～④の強い効力が生じます。

【図表２－21】労働協約の効力

労働協約の効力	説　　明
①　規範的効力	労働協約の規範的部分（組合加入労働者の労働条件その他の待遇について定めている部分）に違反する個々の労働者の労働契約の部分は無効となり，無効となった労働契約の部分は，直接，労働協約の定めるところによります（労組法16条）。 また，就業規則の定めは，その事業場に適用される労働協約に反してはなりません。 労基署は，使用者に対して，労働協約に反する就業規則の変更を命ずることができます（労基法92条）。
②　協約規範順守義務	労働協約上の基準を労使当事者双方が相互に守り，実行する義務が生じます。
③　平和義務（相対的平和義務）	労使当事者は，労働協約に定められた事項に関しては，その内容の変更や廃止を要求し，争議行為をしないという義務が生じます。
④　一般的拘束力（事業場単位）	１つの事業場に常時使用される同種の労働者の４分の３以上を占める組合があり，その労使が労働協約を結び労働協約の適用を受けるようになったときは，その事業場に使用されている他の同種の労働者についても，その労働協約が適用されます（労組法17条）。

第3章

企業内人事異動（転勤等）と企業間人事異動（出向，転籍）

1　人事異動の共通事項

1．人事管理，人事権とは

Q1　企業の人事管理，人事権とは，それぞれどのようなことをいうのですか。

A1　人事権とは，使用者が持っている，従業員の人事管理を行う際に必要となる権利の総称です。

⑴　人事管理とは

企業は，経営上必要とする人材（従業員）を採用し，各職務に配置し，企業活動の必要に応じて再配置し，あるいは休職・復職を命じ，職場秩序維持のために賞罰を与え，退職・解雇に伴う必要な措置をとります。これら一連の措置を通常，人事管理といいます。

また，人事管理は，その企業・組織の目的を達成するために，従業員の労働効率・意欲を継続的に高く維持し，向上させるための一連の制度・施策を行います。具体的には，人員管理，採用，昇格・昇進，配置・異動，人事考課，賃金管理，教育訓練などがあります。

なお，人事管理は，最も広い意味では，労使関係を中心とした労働条件管理を含む場合もあります。

⑵ 人事権とは

人事権とは，こうした人事管理を行ううえで使用者が有する諸々の権限の総称です。狭義には，使用者が有する人事管理に関する決定権限を指しています。一般に，労働者は労働契約によって労働力の処分権を使用者に委ねた以上，使用者が有する人事権にもとづく指示・命令に服すべき義務があるとされています（『人事労務用語事典』日本経団連出版より）。

ただし，当然のことですが，人事権は，労働分野の制定法（労基法，労契法，均等法その他），判例，公序良俗等により制限を受けます.

2．人事異動の判例ルール

Q２　人事異動にはどのような判例上のルールがあるでしょうか。

A２　判例上，原則として，会社が独断で決めて従業員に命令することができます。ただし，労働契約と人事権濫用理論により一定の制限があります。

⑴ 人事異動命令の拒否は懲戒解雇もできる

人事異動とは，従業員の担当職務や所属部署，勤務場所等を長期間にわたって変更することです。人事異動は就業規則，労働契約等にもとづく使用者としての権利です。その命令に従わない従業員については，懲戒解雇にすることもできます。

⑵ 人事異動の種類と人事権の制限内容

同一企業内で，従業員を異動させる配置転換（配転）には，図表３－１のように，転勤，配置換え，職種の変更，昇格・降格，休職等があります。どれも原則として，従業員の同意を得ずに会社が一方的に命じることができます。ただし，使用者の好き勝手にはできず，労働契約，労働慣行の内容によっては制限があります（図表３－２の(1)）。

さらに，判例により人事権の濫用（人事権の本来の目的，内容を外れる）とみなされる配転命令は認められません（図表３－２の(2)）。

自社の従業員を，自社の従業員のままで，他企業に異動させる出向命令についても同様です（労契法14条）。

他方，転籍は，従業員が転籍元会社を合意退職し，転籍先会社において新たに雇用されるものですから，企業内人事異動や出向とは取扱いが異なります。

【図表３－１】人事異動のいろいろ

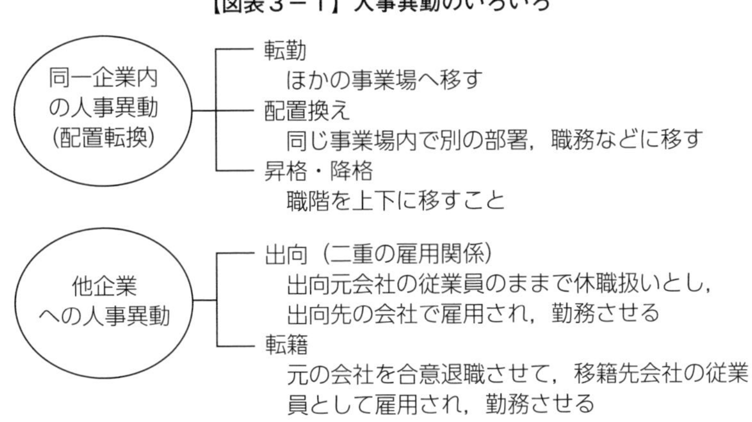

【図表３－２】人事異動には一定の制限がある

(1)　労働契約・労働慣行による制限

①　労働契約の締結，労働慣行により，本人の勤務場所，職種が特定されている。	労働契約書に明確な記載がない場合も，採用時の事情その他にもとづいて判断される。例えば，労働慣行上転勤がなかった工員を他の工場に転勤させる場合は，本人の同意が必要。

② 特殊な資格，技術が採用条件となっている。	医師，看護師などは，本人の同意を得ずに他の職種に配転できない。技術職，研究職からセールスエンジニアや技術営業職への配転は，最近は，判例で有効とされる傾向がある。

(2) 人事権濫用法理による制限

① 配転の業務上の必要性	業務の合理化，教育目的，職場の和を守るなど，業務上の必要性は広範囲に認められており，大きな制限とはならない。
② 不当な動機，目的による配転	「社長の娘と従業員が親しくなりすぎた」など，業務と関係のない動機にもとづく配転は無効。労働組合活動を妨害する目的や，性別，思想，信条などを理由とする配転も無効。
③ 私生活に著しく不利益が生じている	「病気の子供や親を抱えている」など，その者の転勤により一家が破綻し，生活に支障をきたすような場合は，あまりに酷であるとして，正当な拒否理由になる。
④ 労働条件が著しく悪化する	大幅な減給，合理性のない降格は無効。

◆チェックポイント

□ 就業規則に人事異動の根拠規定を設けてあるか

□ 事前に，従業員と個別面談し，家庭状況を把握して人事異動案を作成しているか

□ 異動させようとする従業員との労働契約はどうなっているか

□ その人事異動に不当な動機・目的はないか

➡人事権は使用者の権利だが，思いどおりに行使できるとは限らない。

3．配置転換（企業内人事異動）と出向・転籍（企業間人事異動）との違い

Q３ 配置転換（企業内人事異動）と出向・転籍（企業間人事異動）とは，どのような点で異なるものですか。

Ａ３　配転（企業内人事異動：転勤，配置換え等のこと）は，労働者と会社（雇用主）とが結んだ労働契約の範囲内の異動なので，従業員の同意は不要です。

出向・転籍（企業間人事異動）は，労働契約外の他の会社（雇用主）への異動なので，従業員の同意（出向は包括的同意（就業規則の根拠規定等），転籍は個別的同意（承諾）が必要です（図表３－３）。

⑴　配転は従業員の同意不要

日本では，新規学卒者を正社員として採用して教育し，さまざまな業務に就けて経験を積ませたうえで，さらに本人の能力，適性を評価し，他の部署へ配置・昇進させるのが一般的です。

正社員の場合，勤務地を限定して採用するのは一部です。日本における正社員の採用（労働契約）では，一般に，企業の命じる業務を，企業の命じる場所で行うという包括的合意が成立していると考えるのが妥当です。

したがって，配転（配置転換のこと。転勤，配置換えなどが含まれます）の場合には，従業員をどの事業所のどの部署に配置し，どのような職務に従事させるかについては，原則として，企業が自由裁量により決定し，一方的に配転命令することができます。

配転については，事前に，従業員本人の個別的同意（承諾）を得る必要はありません。

⑵　出向・転籍には従業員の同意が必要

出向（在籍出向）・転籍（移籍出向）の場合，Ａ社の従業員Ｃは，異動後，他社（Ｂ社）に雇用され，他社の指揮命令を受けて，他社の業務に従事することになります。

もともと従業員Ｃは，Ａ社で，Ａ社の指揮命令のもとでＡ社の業務に従事することでＡ社と労働契約を結んで採用されています。

したがって，従業員Ｃは，Ｂ社の事業所でＢ社の指揮命令のもとで働く労働契約上の義務はありません。

すなわち，出向・転籍については，採用の際の労働契約の内容となっていませんので，他社の事業所で，他社の指揮命令のもとでの職務を命じるためには，原則として，労働者本人の同意が必要です。

【図表３－３】配置転換と出向・転籍との違い

種類	人事異動の内容	対象労働者の同意の必要性
① 企業内人事異動（転勤，配置換え等）	労働者が労働契約を結んだ企業の範囲内での勤務場所，業務内容等の変更。当初の労働契約の範囲内での変更。	原則として，同意不要。企業の自由裁量で，配転命令により，一方的に行うことが認められる。
② 企業間人事異動（出向，転籍）	労働者が労働契約を結んだ企業ではない他企業の事業所で他社の指揮命令下での就労。当初の労働契約の範囲を超える変更。	原則として，労働者の同意が必要。出向については包括的同意（就業規則の根拠規定等）が必要。転籍については，個別的同意（承諾）が必要。

⑶ 出向（在籍出向）と転籍（移籍出向）との同意内容の違いは

出向（在籍出向）については，対象従業員の包括的同意が必要です。包括的同意とは，図表３－４のいずれかの形で従業員の同意を得ることです。

【図表３－４】配置転換と出向・転籍との違い

① 就業規則（出向規則）または労働協約（会社が労働組合と結んだ約束文書）の出向に関する具体的な根拠規定（出向先，出向期間，労働条件，身分等）が設けられていて，その規定が労働者に周知されていること。
② その労働者の採用時に，採用通知書，誓約書等により，出向があり得ることを承知していること。
③ その出向命令について労働者本人の明示（文書または口頭）もしくは黙示の同意があること。

他方，転籍（移籍出向）については，対象従業員の個別的同意が必要です。個別的同意というのは，使用者がその転籍時点で転籍の具体的内容を説明し，本人の承諾（文書または口頭）を得ることです。

⑷　配転と出向には，権利の濫用として無効となる場合がある

配転と出向については，図表３－５の要素を総合的に勘案し，著しく妥当性に欠ける場合には，使用者の配転・出向の命令は権利の濫用であるとして，無効です。

この場合，従業員は，その命令に従わなくても懲戒解雇などの処分をされることはありません。

【図表３－５】配転・出向が権利濫用となる判断要素

① 配転・出向の業務上の必要性
② 配転・出向対象者の人選の合理性，不当な動機・目的
③ 配転・出向に伴い労働者のこうむる著しい不利益
④ 配置・出向に伴う労働条件の著しい低下

2　企業内人事異動（転勤等）

1．企業内人事異動（転勤等）の書式例

Q１　人事異動の辞令・業務引継書・単身赴任者適用申請書の書式例は，どのようなものでしょうか。

A１　これらの書式例は，図表３－６～図表３－８のとおりです。

⑴　転勤辞令の書式例は

転勤辞令のモデル例は，図表３－６のとおりです。従業員が他の勤務地に転勤することは，従業員本人と家族にとって労働条件，労働環境，生活環境の大きな変化，例えば引越し，場合によっては単身赴任など非常に大変なことです。不安感もあります。

このような状態の中では，従業員が会社の幹部から転勤辞令を交付されることで，新しい赴任地での勤務，生活にむけて気持ちの整理，決断ができます。辞令の交付は必ず行うべきです。

⑵　業務引継書の書式例は

業務引継書の書式例は図表３－７のとおりです。人事異動により，その業務の担当者が交代しても，これまでと同じように業務が行われるようにするためには，上司がきちんと業務引継ぎが行われたことを書面により確認することが欠かせません。

⑶　単身赴任者適用申請書の書式例は

この書式例は，図表３－８のとおりです。転勤や出向で住居を移転する従業員の中には，子供が転校できないことなどの理由から単身赴任せざるを得ないものも生じてきます。

会社としては，その状況を把握し，単身者用住宅の手配，帰省手当（例えば，１カ月に１回家族のもとに帰るための交通費）の支給などの対応が必要です。そこで，図表３－８の書類を対象従業員から提出してもらいます。

【図表３－６】転勤辞令の書式例

令和××年××月××日

○○○○　様

株式会社○○○○
代表取締役○○○○

転勤辞令

あなたに，令和××年××月××日付で下記のとおり，転勤を命じる。

なお，転勤に伴う交通費，転居費用等の支給その他については，別に定める社員人事異動費用等取扱規則によることとする。

記

勤務地	福岡支社
所属部署・職名	営業部営業課長代理
担当職務（担当業務内容，権限）	××製品の販売具体的な内容は，当社社員職務分担規則のとおりとする。
備考	

以上

【図表3－7】業務引継書の書式例

令和××年××月××日

代表取締役○○○○　様

所　　属　総務部
役　　職　主任
氏　　名　○○○○　㊞

業務引継書

私は，下記のとおり，業務引継ぎを完了しましたので，ご報告いたします。

記

引　継　者	○○○○
引継事由	営業部への人事異動に伴う引継ぎ
引継完了日	令和××年××月××日

引継業務	チェック	備　考
社員の募集・採用事務	☑	業務の一部について，人事異動後1カ月間サポートする。
用度品購入事務	☑	
	□	
	□	
	□	
	□	
	□	

人事部		

所属部		

以上

【図表３－８】単身赴任者適用申請書の書式例

令和××年××月××日

代表取締役○○○○　様

所　属　総務部
役　職　主任
氏　名　○○○○　㊞

単身赴任者適用申請書

私は，下記のとおり単身赴任者の適用を申請しますので，ご了承をいただきたくお願い申し上げます。

記

適用希望日	令和××年××月××日
申請理由	赴任地への子供の転校が困難なため。
家族の住所	横浜市緑区××－××
家族の住居	持ち家（マンションを含む）☑　借家□　アパート□ 会社寮□　社宅□
赴任先住居	会社寮□　社宅☑　を希望します。

家族状況	続柄	氏　名	年齢	職業（学校名・学年）	同居区分
	妻	○○○○	38	主婦	同☑・非□
	長男	○○○○	12	○○小学校６年	同☑・非□
					同□・非□
					同□・非□
					同□・非□

備考	

人事部			所属部		

以上

2．企業内人事異動（転勤等）に伴う諸問題と実務対応
―「通常甘受（かんじゅ）すべき程度を著しく超える不利益」を伴う配転とは

Q２　次のことについて教えてください。
①「労働者に対し通常甘受（かんじゅ）すべき程度を著しく超える不利益を負わせる」配転命令とは，具体的にどのような配転をいうのですか。
②　上記①の配転命令は，無効となるのでしょうか。

A２　裁判例では，単身赴任，共稼ぎ夫婦の別居，家の新築など従業員の通常予想される私生活上の不利益は正当な配転拒否理由とはならず，従業員として甘受すべきもの（がまんすべきもの）であるとしています。

他方，病気の子供や母を抱えているなど，その従業員の配転により一家が破綻し生活困窮となるような特別な事情のある場合は，転勤はあまりに酷であるとして正当な配転拒否理由となるとしています。

このような配転命令は配転命令権の濫用となり，無効です。

3．転居を伴う配転拒否の正当性・会社の配慮義務

Q３　次のことについて教えてください。
①　従業員が転居を伴うことを理由として，会社の配転命令を拒否することは認められるのでしょうか。
②　会社は，転居を伴う配転について，どのような配慮をしなければならないものでしょうか。

A３　就業規則（または労働協約）に労働者の配転義務を定めた根拠規定がある場合には，労働契約書において勤務地が限定されている場合を除き，配転命令は原則として有効とされます。

したがって，労働者が，転居せざるを得ないことだけを理由として配転命令を拒否することは，原則として認められません。

(1)　転居を伴う配転についての使用者の配慮義務は

転居を伴う配転をめぐる裁判例として注目すべきものに帝国臓器製薬（単身赴任）事件（最判平11・９・17）があります（図表３－９）。

【図表３－９】帝国臓器製薬（単身赴任）事件（最判平11・９・17）

> この裁判例で，注目すべき点は，「転居を伴う転勤は，一般に，労働者の生活関係に影響を与え，特に家族の病気の世話，子供の教育・受験，持家の管理，配偶者の仕事の継続，赴任先での住宅事情等のやむを得ない理由から労働者が単身赴任をしなければならない合理的な事情がある場合には，これが労働者に対し，経済的・社会的・精神的不利益を負わせるものであるから，使用者は労働者に対してこのような転勤を命ずるに際しては，信義則（信義誠実の原則）上，労働者の右不利益を軽減，回避するために社会通念上求められる措置をとるよう配慮すべき義務がある」と判示したことです。
>
> 判決では，被告会社は原告に対して別居手当の特別支給や社宅の提供をしたことにより配慮義務に欠けるところはないとし，配慮義務を尽くしたかどうかについては，単身赴任による経済的負担を軽減する経済的補償がなされたかどうかによって判断されました。この配慮義務には，配転そのものを回避すべき義務は含まれないと考えられますが，将来的には権利濫用の判断要素の１つとなる可能性もあり得ると思われます。

(2)　配転命令権の濫用（労働者に対する著しい不利益）事例は

大多数の企業では，就業規則に「従業員の配転義務」について規定しています。このため，東亜ペイント事件（最判昭61・７・１）の判決が出されて以降，裁判例で労働契約などにより勤務地を限定する合意が存在する場合を除いては，転居を伴うことのみを理由として使用者の配転命令権を否定することは困難になりました。

一方で，転居を余儀なくされる配転命令を無効とした裁判例もいくつかみられます。これらの裁判例では，労働者の家族の看護や介護を理由として，その配転命令が労働者に通常甘受すべき程度を著しく超える不利益を負わせることから配転命令権の濫用になるとしています。

⑶　育児・介護休業法26条の「労働者の配置に関する配慮」というのは

育介法26条では，労働者の配置転換を行う際の事業主の配慮について規定しています。同条でいう「配慮」とは，子の養育または家族の介護を行うことが困難とならないよう意を用いること（実情を把握すること，労働者本人の意向を考慮することなど）をいいます。

配置の変更をしないといった配置そのものについての結果や，労働者の育児や介護の負担を軽減するための積極的な措置を講ずることを事業主に求めるものではありません（平21・12・28，職発1228号第４号，雇児1228号第２号通達）。

明治図書出版事件（東京地判平14・12・27）では，会社は労働者の転勤に伴う負担軽減のため，図表３－10の措置を行っており，労働者の経済的，金銭的不利益については相当程度の配慮を尽くしていることを認め，育介法26条の「配慮」は配転をしないなど，配慮についての結果や事業主の積極的な措置を求めるものではないことに触れました。

しかしながら，同判決では，労働者が配転を拒む態度を示しているときは，会社は真摯に対応することが求められ，配転を所与のものとして押し付ける態度を一貫してとるような場合は，同条の趣旨に反し，配転命令は権利濫用として無効になるとしています。

【図表３－10】会社が転勤者に対して行っている負担軽減措置

①　転居に伴う引越代の負担
②　勤務先での住居の賃料負担
③　赴任手当等の支払い

⑷　企業の対応ポイントは

企業としては，まず第１に人事異動案を検討する前に，従業員と個別に面談して，労働者の家族と生活の状況について十分に把握してください。そして，やむを得ず転居を伴う配転を発令する場合には，図表３－11の企業の対応策を実施してください。

【図表３－11】転居を伴う配転従業員への企業の対応ポイント

①　単身赴任になる場合は，その期間を原則３年，長くても５年までとする。 ②　単身赴任手当，帰宅手当（月１～２回分）を支給する。 ③　その従業員の持ち家を社宅として借り上げる。 ④　子供の転入学の容易な時期に転勤させる。 ⑤　夫婦共稼ぎの場合，夫婦滞同のために赴任地での一方の配偶者の就業の機会の確保に努力する。

４．健康問題を理由とする配転拒否の正当性

Ｑ４　従業員が，健康問題を理由として，会社の配転命令を拒否することは認められるでしょうか。

Ａ４　従業員が健康問題を理由に配転命令を拒否することは，原則として，正当な拒否理由になりません。

労働者は，使用者と結んだ労働契約により，使用者の指揮命令に従って誠実に労務提供を行わなければなりません。労働者は，その対価として使用者に対し賃金請求権を有することになります。

その場合，労働者は健康な状態で労務提供を行えるようにしておかなければなりません。そして，労働契約にもとづく労務提供義務には，配転命令に従い，配転先で労務を提供することも含まれています。

ただし，定期健康診断，個人面談，または本人の申出により，精神疾患，難病，継続的治療を受けている疾患等がある場合には，配転に伴う主治医の交代等の問題があるので，会社は主治医とも相談したうえで，慎重に対応してください，

安衛法では，事業者に対して，従業員の健康維持のため，次の(1)，(2)のことを義務づけています。

(1)　定期健康診断を実施し，その結果，必要に応じ，就業場所の変更，労働時間の短縮等の措置を講じなければなりません（安衛法66条，66条の５，

66条の６)。

⑵　①伝染病にかかった者，②精神病（自他損傷のおそれのある場合），③労働のため病勢が著しく悪化するおそれのある疾病にかかった労働者については，産業医その他専門の医師の意見を聴いたうえで，就業を禁止しなければなりません（安衛法68条，安衛則61条）。

労契法５条では，「使用者は，労働契約に伴い，労働者がその生命，身体等の安全を確保しつつ労働することができるように配慮するものとする」と定められています。

５．賃金が大幅に低下する配転の効力

Ｑ５　賃金が大幅に低下する配置転換は認められるでしょうか。

Ａ５　賃金は，労働者の労働に対する対価として支払われるものです。賃金は，労働契約で使用者が労働者に約束した労働条件の中で最も重要なものです。

使用者は，原則として，労働者に不利益となるように一方的に賃金を変更することは認められません。

さらに，賃金を引き下げなければならない場合であっても，引き下げの幅は合理的な範囲内としなければなりません。

⑴　賃金減額措置を無効とした裁判例は

賃金減額措置を無効とした裁判例は，図表３－12のとおりです。

和歌山パイル織物事件判決（図表３－12の１）では，「配転によって，労働者の日常生活に影響を及ぼすほどの賃金の減収となる場合は，配転命令権の濫用となり，配転は無効となる」と判示しています。

また，西東社事件（図表３－12の２）では，次の①～③のいずれかの場合を除いては，使用者が一方的に賃金を減額することは許されないと判示しています。

①　労働者の同意がある場合
②　懲戒処分として減給処分がなされる場合
③　その他特段の事情がある場合

【図表３－12】賃金減額措置を無効とした裁判例

事件名	判決の要旨
1　和歌山パイル織物事件（和歌山地判昭34・３・14）	配転によって，労働者の日常生活に影響を及ぼすほどの賃金の減収となる場合には，配転命令権の濫用となり，配転は無効であるとした。
2　西東社事件（東京地判平14・６・21）	①事案の概要 高血圧で体調を崩した従業員に対し，軽作業の業務への配転命令に伴い，賃金を月額66万円から26万円に減額した。 ②判決の要旨 「労働者の合意がある場合，懲戒処分として減給処分がなされる場合その他特段の事情がない限り，使用者が一方的に賃金額を減額することは許されない」「配転命令により業務が軽減されたとしても，使用者及び労働者は当初の労働契約，その後の昇給の合意等の契約に相互に拘束されているので一方的な減額の法的根拠とならない」として賃金減額措置を無効とした。

⑵　解雇を避けるための配転のときは

解雇を避けるための配転で賃金が減額された場合，その配転は認められるのでしょうか。この点について裁判例では，「使用者が配転内容を決定するにあたって労働者のこうむる不利益を可能な限り縮小するように努力したかどうか」が判断のポイントになると判示しています。

⑶　企業の対応ポイントは

賃金を大幅に減額させる配転は，原則として，権利の濫用となり，認められません。ただし，次の①～④のいずれかに該当する場合には，例外的に認められます。

①　労働者の合意がある場合
②　降格を伴う配転の場合

③　懲戒処分としての賃金の減給が行われる場合
④　その他特別の事情がある場合（例：経営合理化に伴う解雇を避けるための配転の場合）

上記④のように，例えば，経営合理化に伴う解雇を避けるための配転の場合には認められます。賃金大幅引下げが認められるためには，その合理化策が経営判断として必要かつ合理的であり，ほかにとるべき方策がないこと，会社として賃金の低下が最小限度となるよう努力した結果であることが必要となります。

企業の対応ポイントとしては，経営合理化に伴う解雇を避けるために賃金の大幅引下げを行う場合であっても，上記の努力が必要です。

6．転勤命令拒否者に対する懲戒解雇

Ｑ６　従業員が，会社の転勤命令を拒否したら，どのような懲戒処分を与えることができるのでしょうか。

Ａ６　転勤命令を拒否した従業員に対しては，懲戒解雇を行うのが原則です。
ただし，訴訟に持ち込まれるリスクを考えた場合，その従業員に対して自主退職をうながし，自主退職をしない場合は普通解雇にするという方法も考えられます。

(1)　転勤命令拒否者に対する懲戒処分の種類は

転勤命令拒否者に対して行う懲戒処分の種類は，原則として懲戒解雇です。

懲戒処分の種類には，他に訓戒，減給，降格等もあります（詳しくは180頁～を参照）。

しかし，懲戒解雇以外の懲戒処分を課した場合，従業員の転勤に伴う不利益よりも転勤を拒否した場合の懲戒処分に伴う不利益のほうが小さいといえます。このため，転勤拒否者が多く生ずるおそれがあります。

⑵　懲戒解雇とは

懲戒解雇は，その者の自社従業員としての身分を失わせ，企業から排除する最も重い処分です。

対象従業員は，図表３－13の点で，多大の不利益をこうむることになります。

【図表３－13】懲戒解雇に伴う不利益

①　退職金の全額または一部が不支給となる。 ②　他社への再就職の際に，不利になる。 ③　即時解雇される場合もある。

⑶　転勤命令拒否者を自主退職または普通解雇にすることは

そのケースによっても取扱いは異なりますが，転勤命令拒否者に対して自主退職をすすめる方法もあります。

これに応じない場合には，普通解雇とし，退職金を支給します。

これらの対応によって，転勤拒否者から訴訟に持ち込まれるリスクを避けることができます。

⑷　転勤命令拒否者にまず訓戒処分を適用することの是非は

まず訓戒処分を行い，会社側の強い決意を示し，転勤拒否者が転勤命令に応ずる気持ちになるようにうながすという方法は適切でしょうか。

懲戒処分の実施方法については，罪刑法定主義にもとづき，「一事不再理の原則（二重処分禁止の原則）」というルールがあります。

これは，１つの非違行為について二重に処分を行ってはならないということです。

このため，従業員の転勤命令拒否行為について，まず訓戒処分を行い，その後，さらに懲戒解雇を行うと一事不再理の原則違反となるおそれがあります。

したがって，当初から懲戒解雇か普通解雇にするしか方法はありません。

7．配転命令拒否者に対する懲戒解雇についての裁判例

Ｑ７　会社の配転命令を拒否した従業員を懲戒解雇することは，すべての裁判例で認められているものでしょうか。また，会社側として，どのような対応をとることが解雇が有効と認められる前提になるものでしょうか。

Ａ７　適法な配転命令である場合に，それを拒否した従業員を配転命令違反として懲戒解雇にすることは可能です。ただし，適法な配転命令であっても，その拒否に対する懲戒解雇が必ず有効と認められるわけではありません。例えば，図表３－14のような裁判例もあります。この裁判例では，懲戒解雇に至るまでの経緯によっては，配転命令拒否者に対する懲戒解雇は無効であると判示しています。

【図表３－14】配転命令拒否者の懲戒解雇を無効とした裁判例
（メレスグリオ事件・東京高判平12・11・29）

会社が配転後の通勤所要時間や経路など，従業員がその配転命令を受け入れるかどうかの判断をするための情報提供をせず，かつ，配転後の通勤緩和措置を検討することなく行った配転命令については，配転命令自体は権利濫用ではないが，この配転命令拒否者に対する懲戒解雇は無効である。

⑴　企業の対応方法は

例えば，通勤所要時間が従来の勤務場所と比べて２倍以上になるなど，遠方への配転を命じる場合には，事前に，その配転後の業務上の必要性や人選理由はもちろんのこと，配転後の勤務場所への通勤所要時間やその通勤方法などを十分に説明しておく必要があります。

⑵　当初の配転命令拒否後の会社の説明・説得等の対応は

従業員が配転命令の内示を拒否した場合に，会社側としてはただちに懲戒解

雇とするのではなく，拒否理由を把握し，その拒否理由を解消するための努力をする必要があります。そのうえで，説明・説得を試みてください（図表３－15）。

例えば，通勤の負担が大きいことが拒否理由であれば，交通機関の発着に合わせた勤務時間の設定をするという通勤緩和措置を講じるなどの対応が必要です。なお，この説明・説得をした日時と内容は記録しておいてください。

説明・説得を繰り返してもなお拒否する場合には，懲戒解雇になる旨を警告して最終応諾日を伝え，その期限までに承諾の意思表示がないときは就業規則に定める手続きを経て懲戒解雇にするのもやむを得ないと考えられます。

【図表３－15】配転命令拒否者を懲戒解雇するまでの対応のしかた

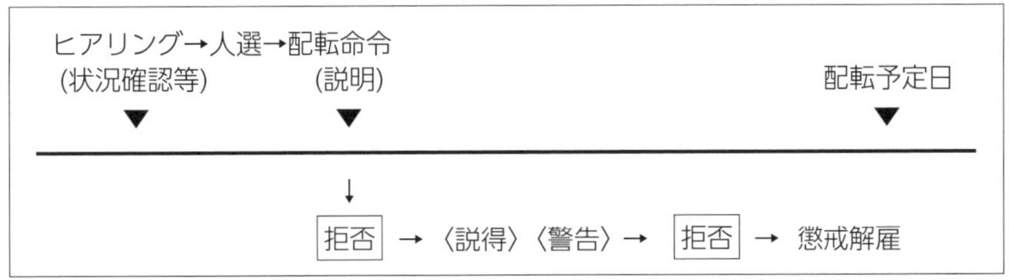

3 企業間人事異動（出向，転籍）

1．出向・転籍とは

Q１ 企業間人事異動（出向，転籍）とは，どのようなものでしょうか。

A１ 出向では，その従業員はいずれ出向元会社に戻りますが，転籍では戻ることはありません。

⑴ 出向・転籍は企業間の人事異動

同一企業内での人事異動だけではなく，他の企業での勤務を命じるのも人事異動の１つです。それには，出向と転籍の２つのタイプがあります（図表３－16)。

出向は，出向元会社の従業員の身分のままで（休職し)，同時に出向先会社の従業員となり（２者との雇用関係になり)，出向先会社に勤務するものです。出向の際には，就業規則（出向規則）に必要事項を定め，出向契約書の作成が必要です。

他方，転籍は，転籍元会社を退職して，新たに転籍先会社の従業員になる（雇用される）ものです。どちらの形をとるかで，雇用主，勤務場所，就業環境等が大きく変わります。

最近は，本社のスリム化を図る企業が多く，子会社や関連会社への出向や転籍が増える傾向にあります。

⑵ 出向・転籍者の取扱いを明確にしておくことが必要

これらについては，元の会社とその従業員との間で，出向または転籍に関する契約書により明確にしておくことがトラブル防止につながります。

図表３－17は，他企業への出向者についての一般的な取扱いの内容です。

【図表３－16】出向と転籍との違い

項目	出向（在籍出向）	転籍（移籍出向）
雇用主	Ａ社，Ｂ社の双方	Ｃ社からＤ社に変わる
対象従業員の個別同意（書）の必要性	個別同意（書）がなくてもできる。就業規則等で出向先を限定し，身分，待遇等も保証する規定があれば，同意が得られたものとして取り扱うことができる，また，その出向が労働慣行化されている場合も同じ。	なければできない。従業員は拒否することもできる。Ａ社を退職し，新たにＢ社の従業員となるので，賃金から社会・労働保険まで，全面的にＢ社が面倒をみる。

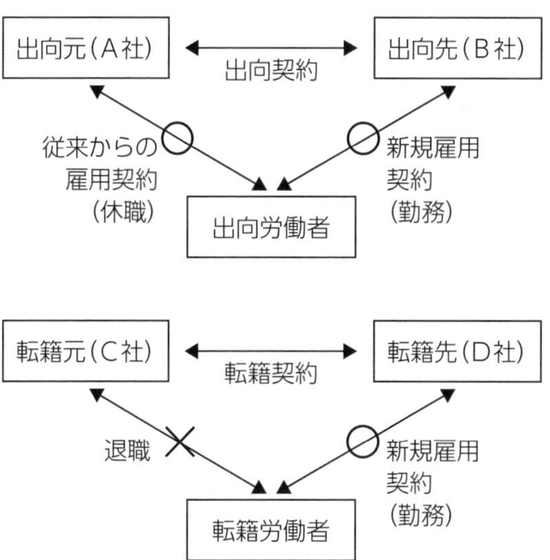

【図表３－17】出向者の取扱いを明確にしておく

出向者の身分・労働条件	権限・責任の主体	内　　容
基本的労働関係	ほとんどの場合，出向先	出向先（Ｂ社）の就業規則によって労働時間，休日，休暇等の労働条件が決められる。出向元（Ａ社）の就業規則のうち労務提供に関係ない部分（退職，定年，解雇，福利厚生等）は，引き続き出向後も適用。
指揮命令	出向先	出向先（Ｂ社）の指揮命令の下で就労するので，その勤務管理，服務規律に服する。
賃金	両社間の契約による	出向元（Ａ社）と出向先（Ｂ社）の契約で決まる。代表的なものは次の２つ。 ①　出向先（Ｂ社）が支払う。ただし，出向前との差額があれば出向元（Ａ社）が補てんする。 ②　出向元（Ａ社）が払い続ける（出向先（Ｂ社）が分担額を出向元（Ａ社）に支払う）。
退職金	両社	勤務年数は，Ａ・Ｂ両社通算し，退職金は両社分担するのが一般的。
労働基準法上の義務・責任	項目により両社で分担	実質的権限をもつ会社が，義務と責任を負う。例えば，出向先（Ｂ社）が労働時間管理を行うため，時間外・休日労働協定締結，届出の義務を負う。
労働安全衛生法，労働災害補償，労災保険法	出向先	出向先（Ｂ社）が労働安全衛生法の事業者，労災保険法の事業主として負担する。
雇用保険法上の事業主	両社間の契約による	主として，賃金を負担する会社が事業主となる。

★就業規則の作成，届出は，Ａ社またはＢ社がそれぞれの権限を有する範囲内で責任を負う。
★労働者名簿，賃金台帳の作成・記入等は，Ａ社およびＢ社がそれぞれ責任を負う。

◆チェックポイント

□　出向者の雇用関係，労働条件等の取決めは万全か？

➡出向者は出向元（Ａ社）と出向先（Ｂ社）の両社と雇用関係がある。どちらの会社がいかなる面倒をみるのか，出向契約ではっきりさせておく。

2．出向の目的・タイプ

Q２　出向には，どのような目的，タイプのものがありますか。

Ａ２　企業が従業員を他企業に出向させる目的は，人材の配置，人事交流，業務指導，雇用調整，高齢者対策，従業員の能力開発など実にさまざまです。

(1)　出向の目的・タイプは

各企業が出向を行う目的を分類すると，図表３－18のとおりです。

【図表３－18】出向の目的等と法的性質

出向の目的	内　　容	出向の法的性質
①人材配置（企業集団統合型）	企業集団を形成する法人間の提携関係強化・企業グループとしての人材の適材適所配置と過不足の是正，人事交流による経験と人間関係緊密化等により企業集団の強化結合と発展に資するための出向	人事権の行使
②人材援助（出向先強化型）	子会社，関連会社，関係会社等のグループ企業等への経営・技術指導，経理，人事，営業等の有能な人材の業務上の必要による援助と配置	人事権の行使または労働契約上の権利の一部譲渡
③人材教育（教育訓練型）	従業員の教育研修・能力開発，育成等のため，他社に出向して他社の従業員ともなり，一定期間これらの習得をするための出向	業務命令（研修命令）
④人材出張（業務派遣型）	機械・装置・技術・ノウハウ等の販売に伴う指導・教育・運転等の実施のために従業員が相手企業に出向する場合，及び経営再建，債権確保等会社の業務上の必要性による場合の出向	業務命令
⑤人材開発（事業展開型）	新規事業の展開，新機器の開発，社内分社の準備等新しい事業のための知識，技術，能力や経営ノウハウの習得，及び新会社設	人事権の行使

	立プロジェクト等のための関係他社への出向	
⑥人材分離（新会社設立）	事業の一部や販売店，工場等の事業所を分離し独立法人（分社等）とし，このため業務とともにそれまで従事していた従業員等をそのまま移管する出向	営業主体の変更，または営業譲渡（ただし，一般には人事権の行使）
⑦人材調整（雇用調整型）	余剰人員の解消や処遇上のポスト不足等を解消するために人材を流出させるものⒶ長期間の場合，Ⓑ短期間の場合	Ⓐ労働契約上の権利の譲渡，Ⓑ一時的な労働者派遣
⑧人材再活用	高齢化対策のため知識，経験，能力等のある人材を，それを欠いている企業に，再就職含みで行う出向	労働契約上の権利の譲渡
⑨人材派遣（要員派遣型）	コンピュータソフトの開発，各種のメンテナンス，設計，施工等の専門的な業務を行う会社において，自社の本来の業務として注文者である出向先においてこれらの業務を遂行するために行う出向	業務の請負・業務委託，または労働者派遣

（資料出所：『企業間人事異動の法理と実務』76頁，安西愈著，中央経済社）

3．人件費節減のための出向命令権による出向と，整理解雇回避の出向との違い

Q３　標記２つの出向には，どのような違いがあるのでしょうか。また，企業は，これらの出向を実施する場合，どのような点に注意が必要ですか。

A３　後者の出向の方が，前者の出向に比べて，若干，その有効要件がゆるやかです。

(1)　人件費節減のための出向命令権による出向というのは

これは，不況下にある会社が，人件費節減のために好況業種の会社に出向させるものです。この場合には，①出向規則等の定めが必要です。そして，出向命令権による出向が権利の濫用とならず有効であるためには，出向の必要性，

つまり，出向労働者の雇用の維持・確保につながるか否かという点が重要です。

この点の判断ポイントとして，②出向期間が明示されていること，③出向先での労働条件が著しく不利益にならないことが大切です。

その理由としては，②，③の点が保証されている出向であれば，出向している期間中，出向先会社での雇用の維持・確保ができると判断されるからです。

⑵　整理解雇回避のための出向というのは

裁判例で，整理解雇が有効であると認められるためには，図表３－19の４要件が必要であるとされています。

そして，図表３－19の②の整理解雇回避の努力の方法として，図表３－20のものがあります。

その中に，従業員を他社に出向させるという方法もあります。

大企業の場合は，整理解雇回避の努力の一環として出向を行うことまで要求される可能性が高くなります。整理解雇回避努力の一環として整理解雇を行う場合には，その有効要件として整理解雇の４要件（図表３－19）が必要です。しかし，このような出向の場合，出向規則の存在は必要ありません。

【図表３－19】整理解雇の有効要件

① 客観的に人員整理の業務上の必要性が存在するか否か
② 他に整理解雇回避の可能性があるか否か，もしくは，使用者による整理解雇回避の努力がなされているか否か
③ 整理解雇基準自体に合理性が存在するか否か，およびその適用に妥当性が存在するか否か
④ 解雇手続きに関し，労働組合等と誠意をもって協議したか，ないしは労働者に誠意をもって十分周知したか

【図表３－20】整理解雇回避努力の方法

賃金の調整	雇用面の調整
①役員報酬のカット・不支給 ②管理職手当のカット・不支給 ③労働者の賞与のカット・不支給 ④ベースアップ・定期昇給の抑制・停止 ⑤基本給のカット	①残業・休日労働の削減 ②パートタイマー・契約社員の解雇，雇止め（契約更新拒否） ③新規採用の中止 ④配転，派遣，出向，転籍などの人事異動 ⑤一時帰休

⑶　企業の対応ポイントは

使用者は，不況下に人件費節減のために出向を行う場合，出向命令権にもとづく出向が有効に成立するためには，①出向規則があること，②合理的な出向期間が明示されていること，③出向先会社での労働条件が，従前と比べ不利益にならないことの３点が必要です。

また，②または③の要件を欠いている場合には，整理解雇の４要件（図表３－19）が満たされていなければ，出向命令を拒否した労働者を解雇することは認められません。

４．出向辞令，出向通知書の書式例

Ｑ４　出向元会社が出向労働者に交付する出向辞令と出向通知書の書式例を教えてください。

Ａ４　出向辞令は図表３－21，出向通知書は図表３－22のとおりです。

【図表３－21】出向辞令の書式例

令和〇〇年〇月〇日

〇〇　〇〇様

〇〇食品株式会社
代表取締役　〇〇　〇〇　㊞

出向辞令

令和〇〇年〇月〇日付をもって貴殿に〇〇トラベル株式会社への出向を命じる。

期間：令和〇〇年〇月〇日から３年間とする

なお，出向後の職務，勤務地，その他の勤務条件等は，別紙出向通知書のとおり。

以上

【図表３－22】出向通知書の書式例

令和○○年○月○日

○○　○○　様

東京都○○区○○×－×－×
○○食品株式会社
代表取締役　○○　○○　㊞

出向辞令

貴殿に，令和○○年○月○日付辞令をもって命じた出向についての具体的な条件は下記のとおり。

出向先	名　称	○○トラベル株式会社
	所在地	東京都○○区○○×－×－×
	事業内容	旅行商品の企画・販売，旅行情報サイトの運営
	資本金	１億円
	従業員数	300名
	当社との関係	主要取引先
出向先における職務	所属部署	本社IT事業部
	担当業務	旅行情報サイトの企画・制作管理・マーケティング支援
労働条件	出向期間	令和○○年○月○日～令和○○年○月○日（３年間）※業務上の都合により，出向期間を短縮または延長することがある。
	労働時間	９時00分～18時00分（出向先の規定による）
	休憩時間	60分
	休日	土・日・祝祭日，年末年始（出向先の規定による）
	年次有給休暇	当社の規定による。
	給与・賞与	当社の規定による。
	社会・労働保険	当社で継続加入する（雇用保険，健康保険，厚生年金保険）。ただし，労災保険については出向先にて適用する。
	福利厚生	当社の制度を利用することができる。
	その他	出向期間中は，当社の総務部所属とし，休職扱いとする。
		出向期間は勤続年数に通算する。
備考		

上記条件により出向することに同意します。

令和○○年○月○日

氏名　○○　○○　㊞

（署名・捺印の上，会社と本人で１通ずつ保管）

5．出向者についての出向元会社と出向先会社との義務・責任分担

Ｑ５　出向労働者が出向先会社に出向している間，出向元会社，出向先会社は，出向労働者の雇用主，使用者として，それぞれどのように労働法令上の義務，責任を負っているのでしょうか。

Ａ５　賃金，退職金の支払いと，それらの経済的負担については，出向元会社と出向先会社との話し合い，出向契約の規定内容によって決まります。その他については，おおむね次のとおりです。

①身分に関する部分（退職，定年，解雇等）─出向元会社

②就労に関する部分（所定労働日，所定労働時間，休日・休暇，安全衛生等）─出向先会社

⑴　出向中の労働者の取扱いは

出向中の労働者の取扱いは，図表３－23，図表３－24のとおりです。

【図表３－23】出向労働者についての出向元と出向先の使用者としての義務・責任分担

項　目	説　明
①　基本的労働契約関係	出向元会社の就業規則のうち，労務提供を前提としない基本的労働契約の部分（退職，定年，解雇等）については，出向後も引き続き出向労働者に適用されます。
②　指揮命令	出向労働者は，出向先会社の事業場で，出向先の指揮命令のもとで就労しますので，出向先の使用者の勤務管理，服務規律に服します。
③　賃金・退職金の支払い・負担	出向労働者の賃金をどちらが支払い，負担するかは，出向元会社と出向先会社との間の話し合い，出向契約の規定内容によって決まります。次のような形態が代表的です。 ⑴　出向先が支払い，負担する（ただし，出向前との差額があれば，出向元が補てんする） ⑵　出向元が払い続ける（出向先が分担額を出向元に支

	払う)。 (3) 出向元と出向先のそれぞれが分担し,支払う。 (4) 退職金は,出向先と出向元の両者の勤務年数を通算し,両者が分担して払うのが一般的です。
④ 労基法上の使用者責任	出向元・出向先両社のうち,その事項について実質的権限を有するものが,その範囲で使用者としての義務と責任を負います。 出向先が労働日・労働時間・休憩時間・休日・休暇等の管理を行っている場合には,時間外・休日労働協定の締結・届出・順守の義務は出向先が負います。 年次有給休暇の付与・時季変更権の行使は,出向先が行います。年次有給休暇の継続勤務年数の計算と取得日数の計算については,出向元と出向先でのものがすべて通算されます。 厚生労働省通達(昭35.11.18基収4901号)では,通常の場合,労基法上の使用者としての義務と責任の主体は,図表3－24のようなものとしています。
⑤ 安衛法,労災保険法,雇用保険法の取扱い	現実に労務の提供を受けている出向先が,安衛法の事業者,労災保険法の事業主として負担します。雇用保険法上の事業主は主たる賃金の負担者です。

【図表3－24】労基法上の使用者の義務と責任(厚生労働省通達)

事　　項	責任主体
① 賃金の負担,支払い(労基法24条)	出向元
② 労働時間,休憩,休日,休暇(労基法32,34,35条)	出向先
③ 安全衛生(労基法5章),労働災害補償(労基法8章)の取扱い	出向先
④ 就業規則の適用(労基法9章)	出向元または出向先のそれぞれの権限を有する限度
⑤ 労働者名簿,賃金台帳への記入・保存(労基法107条,108条)	出向元及び出向先のそれぞれ

⑵　実務的には出向契約によって決まる

就業規則は，法令や労働協約に抵触しない範囲内で，労働者の労働条件，服務規律等を決めるものです。このため，出向元会社と出向先会社のどちらの就業規則が適用されるかで出向労働者の労働条件に差が生じることになります（図表３－25）。そこで，結論的にいえば，出向労働者の就業規則の適用関係については，出向元，出向先の取決めによって適用されます。

実務的には，出向元が出向労働者の同意を得たうえで，出向先と締結する出向契約に基づいて，就業規則の適用関係も決められます。

労基法の適用関係も，この出向契約にもとづいて適用されます。

【図表３－25】就業規則の規定の優先適用

事　　項	優先適用
１　身分の得喪関係 退職，定年，解雇，休職，懲戒解雇，諭旨解雇，弔慰金，退職金	出向元の就業規則
２　労働条件関係 労働時間，休憩，休日，休暇，安全衛生，健康診断，災害補償	出向先の就業規則
３　出向元・出向先の双方に関係する事項 賃金，賞与，懲戒処分（懲戒解雇，諭旨解雇を除く），福利厚生など	出向元・出向先の双方の就業規則

※産業雇用安定助成金（仮称）について

政府は，「新型コロナウイルス感染症の影響により事業活動の一時的な縮小を余儀なくされた事業主が，出向により労働者の雇用を維持する場合，出向元と出向先の双方の事業主に対して助成する」ことを目的として，「産業雇用安定助成金（仮称）」を創設する予定です。

詳細は厚生労働省ホームページをご参照ください（令和３年１月29日現在）。

4　転　籍

1．転籍辞令・転籍同意書の書式例

Q１　転籍辞令や転籍同意書の書式例を教えてください。

A１　転籍辞令の例は図表３－26，転籍同意書の例は図表３－27のとおりです。

【図表３－26】転籍辞令の書式例

令和○○年○月○日

○○　○○様

株式会社○○○○
代表取締役　○○　○○　㊞

辞　令

令和○○年○月○日付をもって，あなたの現職の任を解き，令和○○年○月○日付けで株式会社○○システムへの転籍を命ずる。

転籍先での労働条件については，転籍同意書記載のとおり。

以上

【図表３－27】転籍同意書の書式例

株式会社○○○○
代表取締役○○　○○様

転籍同意書

私は，貴社より発令された辞令に基づき，次の条件にて株式会社○○システムに転籍することに同意いたします。
（転籍先会社での条件）

転籍先	①名称	株式会社○○システム
	②所在地	東京都○○区○○×－×－×
	③代表者	代表取締役○○　○○
	④事業内容	データ管理，システム開発
転籍先における職務	①勤務地	本社（同上）
	②役職	経理課長
	③職務	経理業務全般
雇用形態	正社員	期間の定めなし
転籍先における労働条件	①賃金	月額340,000円 賞与　年２回（６月，12月） （※令和○○年実績3.6カ月分）
	②労働時間	９時00分～18時00分（休憩１時間）
	③休日・休暇	毎週土・日・祝祭日，年末年始６日，夏季休暇４日 創立記念日（６月１日）
	④有給休暇	当社の年次有給休暇を引き継ぐものとする。
	⑤その他	転籍先の就業規則による。
転籍年月日	令和○○年○月○日	
備考	転籍に伴う当社からの退職金については，当社退職金規程に基づく会社都合事由による退職金を支払う。 支払日：令和○○年○月○○日	

上記条件により転籍することに同意します。
令和○○年○月○日
氏名　○○　○○　㊞

2．出向・転籍に関する就業規則のモデル例・作成時の留意点

Q２　出向・転籍に関する就業規則のモデル例を示してください。また，就業規則作成時の留意点を教えてください。

A２　出向・転籍に関する就業規則のモデル例は，本則は図表３－28，また別規則は図表３－29のとおりです。

⑴　就業規則を作成する際の留意点は

出向については，就業規則（出向規則）に出向先・出向期間・出向後の身分，労働条件について定めがあれば，対象労働者の個別的同意を得なくても出向を命ずることができます。必ず事前に就業規則を定めて，従業員に周知しておいてください。

ただし，出向により労働者の労働条件が著しく引き下げられ，本人にとって不利益となる場合は，その出向命令は権利の濫用となり，出向は無効となります（労契法14条）。

したがって，そのようなことがないよう就業規則に出向後の労働条件について明確に記載しておいてください。

一方，転籍に際しては，転籍元会社は就業規則の規定の有無にかかわらず，本人の個別的同意（書）を得ることが必要です。

この場合も，トラブルを避けるために必要な事柄は就業規則に規定しておくべきです。

【図表３－28】出向及び転籍に関する就業規則（本則）のモデル例

（出向及び転籍）
第○条　会社は，経営上または業務上の必要により，社員に対して，関連会社等への出向（役員出向を含む。），または転籍（役員転籍を含む。）を命じることがある。
２　社員は，正当な理由がない限り，出向命令に従わなければならない。
３　会社は，転籍を命じるときは，当該社員本人の個別の同意を得るものとする。

４　出向および転籍に関する具体的事項については，別に定める「出向及び転籍に関する規則」による。
(出向・転籍の内示)
第○条　社員を出向・転籍させる場合には，会社は，出向・転籍する日の１カ月前までに社員本人にその旨を内示するものとする。
２　出向・転籍の内示の際には，会社は出向・転籍先，出向・転籍の期間，出向・転籍中の労働条件・処遇，当社復帰の有無・出向・転籍先会社の退職・解雇事由その他について書面を交付し，説明するものとする。

【図表３－29】出向及び転籍に関する規則（別規則）のモデル例

出向及び転籍に関する規則

(目的)
第１条　この規則は，当社社員の出向及び転籍に関する事項を定めるものである。

第１章　出向

(出向の定義及び出向先会社)
第２条　この規則において出向とは，当社の社員が当社の命令により，当社との労働契約を継続したまま，当社と取引又は資本面で関係のある会社等（以下「出向先会社」という。）と労働契約を結び，一定期間，出向先会社の事業所で，その指揮命令に従い勤務することをいう。
２　出向先会社は，別表のとおりとする。（編注：別表略）
(基本的態度)
第３条　出向を命じられた社員（以下「出向社員」という。）は，出向先会社の指揮命令に従い，その事業目的達成のため業務に精励しなければならない。
(身分)
第４条　出向社員は，出向期間中は当社の人事部所属とし，休職とする。
２　出向期間は，当社における勤続年数に通算する。
(出向期間)
第５条　出向期間は，原則として，３年以内とする。ただし，必要に応じ，出向期間を短縮し，または延長することがある。
(給与)
第６条　出向社員の給与は，出向先会社の給与規程により，出向先会社が支給する。
２　出向先会社から支給される給与が，当社における出向時の給与を下回るときは，その差額を当社が負担して，当社が出向社員に支払う。

(労働条件)

第７条　出向社員の出向期間中の所定労働日，所定労働時間，休憩時間，所定休日，育児・介護休業，会社独自の特別休暇その他の労働条件は，原則として，出向先会社の定めるところによる。

(所定労働時間格差の補償)

第８条　出向先会社の所定労働時間が当社の所定労働時間を上回るときは，上回る時間数を当社での時間外労働と同様に取り扱い，当社が補償する。

２　前項における補償額は，次の算式によって計算する。

補償額＝当該月の給与×出向先会社の月間所定労働時間数－当社の月間所定労働時間数×1.25

３　補償額は，当社の月例給与の支給日に，当社が支給する。

(年次有給休暇)

第９条　出向期間中の年次有給休暇については，出向先会社の定めるところによる。

２　出向先における年次有給休暇の日数が当社の基準を下回る場合は，当社基準による日数まで有給休暇として取扱いを行う。

(社会・労働保険の取扱い)

第10条　出向社員の雇用保険，健康保険，厚生年金保険，及び厚生年金基金に関しては，当社正社員と同様に取り扱うこととする。

２　労災保険法に関する事業主は，出向先会社とする。

３　労働災害の補償に関しては，労災保険法および出向先会社の定めるところによる。

(福利厚生制度)

第11条　出向社員は，当社の生活資金貸付制度，宿泊・スポーツ施設，その他の福利厚生制度（以下「福利厚生制度」という。）を，出向期間中も，当社社員と同様に利用することができる。

(退職・解雇)

第12条　出向社員が出向先会社において退職し，又は解雇となる場合は，当社は，その社員に対して，当社への復職を命ずるものとする。

２　出向社員が当社に復職した後の取扱いは，当社の就業規則等に定めるところによる。

(出向先の退職金)

第13条　当社への復職に際して出向先会社から退職金を支給されたときは，全額当社へ納入するものとする。

第２章　転籍

(転籍の定義，本人の同意)

第14条　この規則において転籍とは，当社の社員が，当社の命令により，当社を退職し，当社と取引または資本面で関係のある会社等（以下，「転籍先会社」という。）に採用され，同社に勤務することをいう。
2　転籍先会社は，別表のとおりとする。（編注：別表略）
3　社員を転籍させる場合には，書面により当人の個別的同意を得るものとする。
4　役員として転籍させる場合については，別に定める。
（身分）
第15条　転籍社員の転籍期間中の雇用主・使用者は，転籍先会社とする。
2　転籍期間は，当社の勤続年数に通算しない。
（転籍期間）
第16条　転籍期間は，原則３年とする。ただし，必要に応じて短縮・延長をされることがある。
（労働条件その他）
第17条　転籍期間中の次の事項は，すべて転籍先会社の定めるところによる。
①　労働時間，休憩時間，所定休日等の就業条件
②　年次有給休暇，産前産後休暇，育児・介護休業，会社独自の特別休暇その他の休暇，休業等
③　給与，社会・労働保険，福利厚生制度等
④　その他雇用主，事業主，または使用者として行うすべての事項。
（当社の福利厚生制度の利用）
第18条　転籍社員は，転籍期間中，当社の正社員と同様に当社の福利厚生制度を利用することができる。
（退職・解雇）
第19条　転籍社員が転籍先会社を退職し，または解雇となる場合は，当社はその社員を再雇用しない。
（転籍先の退職金）
第20条　転籍社員が，転籍先会社を退職し，または同社から解雇される際に，退職金を支給された場合は，本人が受領するものとする。
（施行期日）
附則　この規則は，令和○○年○月○日から施行する。

3．会社間の出向契約書のモデル例・作成時の留意点

Q３　出向元会社と出向先会社とで結ぶ出向契約書のモデル例を示してください。また，出向契約書作成時の留意点を教えてください。

A３　会社間の出向契約書を作成する目的は，出向元会社と出向先会社が合意し，契約した内容を明確，かつ，具体的にすることです。

⑴　会社間の出向契約書作成のポイントは

実際，各企業で用いられている文例をみると，記載が不足しているのは，主に図表３－30の点です。これらについても明確に記載してください。

【図表３－30】会社間の出向契約書作成時のポイント

①　出向の目的，出向社員の担当職務を記載すること。
②　出向社員の労働条件を詳しく記載すること。
③　出向契約期間中途での解約事由についても記載すること。

⑵　会社間の出向契約書のモデル例は

出向契約書例は図表３－31，覚書の例は図表３－32のとおりです。

【図表３－31】出向契約書のモデル例（出向元会社と出向先会社との契約書）

出向契約書

○○株式会社（以下「甲」という。）と○○株式会社（以下，「乙」という。）の間で，甲に在籍する社員○○○○（以下，「丙」という。）を乙に出向させるに当たり，その期間，勤務条件，処遇等に関して次のとおり契約する。

１　出向の目的

甲は，乙の依頼に応じ，乙の当面の要員不足に対応するため，コンピュータソフトの開発・設計の要員として，丙を乙に出向させることとする。

2　出向期間等

出向期間は，令和○年○月○日から令和○年○月○日までとし，その後の取扱いについては，甲乙で協議して決定する。

3　担当職務内容

丙が乙において担当する職務は，コンピュータソフトの開発・設計とする。

ただし，乙は，丙の了承を得た場合には，臨時的に上記以外の職務を行わせることができるものとする。

4　服務規律・企業秩序

丙が，乙において勤務する際に遵守しなければならない服務規律・企業秩序の内容は，原則として，乙における正社員に適用される就業規則（本則及び別規則等）に定めるとおりとする。

ただし，出向期間中であっても，丙の身分上の取扱い（休職，退職・解雇，懲戒，定年等）については，甲の正社員就業規則を適用する。

5　月例給与，賞与，旅費等の取扱い

⑴　丙の給与，賞与，通勤定期代等は次のとおりとする。（編注：内容略）

⑵　丙の給与，賞与及び福利厚生に関する費用は，甲において丙に支給するが，その負担は乙とする。旅費・日当および通勤定期代は，乙が丙に支給し，乙が費用負担する。

6　社会・労働保険

⑴　丙の健康保険（介護保険を含む。），厚生年金保険，厚生年金基金及び雇用保険については，甲が取り扱い，その会社負担保険料は乙が負担する。

⑵　丙の労災保険は，乙が取り扱い，保険料は乙が負担する。

7　出向料金

⑴　乙は，甲に対し，前記５の⑵の負担分を出向料として毎月支払うものとする。賞与支給月については月例給与のほかに賞与負担分も含む。

⑵　甲は，乙に対し，出向料金の請求書を当月末日に発行する。

⑶　乙は，甲の請求書にもとづき，出向料金を翌月○日までに甲の指定する銀行口座に振り込むものとする。

⑷　乙の出向料金の負担は，令和○年○月分からとする。

8　日常経費

丙の乙において日常発生する業務上の経費については，乙の負担とする。

ただし，甲における丙の源泉課税に必要なため，通勤定期購入時には，購入金額を甲に文書をもって連絡するものとする。

9　社宅

丙の出向期間中の社宅については，乙がその費用を負担して提供する。

10　赴任旅費

出向時及び出向解除時における赴任旅費については，乙が負担する。

11　出向の中途解約

⑴　丙が甲に退職を申し出て，甲がこれを認めたときは，甲は乙にこの旨を通知したうえで，甲丙間の労働契約を解約できるものとする。

⑵　丙の行為その他が，乙の正社員就業規則（本則）第○条～第○条の退職・解雇事由に該当すると乙が判断したときは，乙は，甲の承諾を得て，この出向契約を中途解約することができる。

⑶　甲または乙が，前記⑴及び⑵以外の場合でこの出向契約の中途解約が必要と判断したときは，互いに相手方に申し出て，両者協議のうえ，取扱いを決定するものとする。

⑷　前記⑴～⑶の場合の相手方に対する次の申出は，この出向契約を中途解約する予定日の遅くとも2カ月前までに行わなければならない。

①　⑴の甲から乙への申出

②　⑵の乙から甲への申出

③　甲または乙からの相手方への申出

12　疑義の解決

前記以外の不明な点，及び疑義が生じたときは，その都度甲乙で協議して決定する。

13　契約書の保管

本出向契約書は，2通作成し，甲乙それぞれが記名捺印のうえ，各1通を保有する。

令和○年○月○日

甲　○○株式会社
代表取締役社長○○○○　㊞
乙　○○株式会社
代表取締役社長○○○○　㊞

【図表3－32】出向に関する覚書（例）

覚　書

○○株式会社（以下「甲」という。）と○○株式会社（以下「乙」という。）とは，甲乙間で締結した平成○○年○月○日付「出向契約書」に基づき，出向者の取扱いについての次の覚書を2部作成し，甲・乙それぞれ1部を保有する。

記

1　出向者の氏名，出向期間，乙が負担する給与（賞与も含む）の額その他について次のとおりとする。

出向者氏名	出向期間	給与等の負担額	その他
○○○○	令和○○年○月○日から，原則として，3年とする。	①出向者資料に記載の月額固定部分 ②甲で算定支給する販売奨励金 ③勤怠の実態により支給する変動手当 上記①②③で支給される月次総支給額及び夏季・冬季の賞与総支給額の100％	

令和○○年○月○日

甲　○○株式会社
代表取締役社長○○○○　㊞
乙　○○株式会社
代表取締役社長○○○○　㊞

第４章

退職・解雇（離職）全般，離職時の手続き

第４章では，退職・解雇の種類・形と，合意退職，辞職，早期退職者優遇制度等の意味や留意点を，事例にもとづいて説明します。

そして，離職後の競業禁止，一方的退職者への退職金不支給の是非などについても説明します。

1　退職・解雇（離職）全般

1．退職・解雇（離職）の種類・形

Q１　従業員が，会社を離職する「退職・解雇」には，どのような種類・形があるのでしょうか。

A１　図表４－１のとおりです。

⑴　退職・解雇（離職）とは

退職・解雇（離職）とは，使用者と労働者との間の労働契約が終了し，または労働契約を解約され，両者の雇用関係がなくなる（従業員がその身分を失う）ことです。

退職・解雇には，図表４－１のようにさまざまな種類，形態があります。

これらを大きく分けると，退職と解雇の２つになります。

退職とは，解雇以外の会社の辞め方全体をまとめた言い方のことです。

他方，解雇とは，従業員（労働者）は会社を辞めたくないのに，会社（使用者）が一方的に辞めさせる（労働契約を解約する）ことです。

【図表４－１】退職と解雇（離職）の種類・形

<table>
<tr><td rowspan="2">1 退職</td><td>任意退職（自己都合退職）</td><td>①合意退職（依願退職）
②任意退職
　ⓐ従業員からの一方的申入れによるもの（辞職）
　ⓑ従業員の無断退職</td></tr>
<tr><td>その他の退職</td><td>③定年退職（終期の到来）
④労働契約期間の満了による自動退職（有期パートタイマー，期間雇用者（契約社員），登録型派遣労働者等）
⑤休職期間の満了による自動退職（私傷病等）
⑥行方不明
⑦本人の死亡</td></tr>
<tr><td>2 解雇</td><td colspan="2">①普通解雇（ケガや病気で勤務ができないなどの場合）
　└整理解雇（経営悪化による人員整理の場合）
②懲戒解雇（重大な服務規律・企業秩序違反などの場合）
③採用内定者の内定取消し
④試用期間中の者・終了者の本採用拒否
⑤有期契約労働者（有期パートタイマー，期間雇用者（契約社員），登録型派遣労働者等の契約中途の解除）
⑥⑤の者が契約更新を重ねた後の使用者による契約更新拒否（雇止め）</td></tr>
</table>

⑵　退職とは

退職とは，解雇を除き，従業員がその身分を失う場合すべてをいいます。

主なものには，合意退職（従業員と会社との合意による退職），辞職（従業員の一方的な退職），定年退職，有期パートタイマー・期間雇用者（契約社員）の契約期間満了による退職などがあります。

2　合意退職，辞職

会社としては，退職する従業員との間で「退職合意書」を作成することにより，その後の労使間のトラブル，訴訟リスクを防ぐことができます。従業員が会社を辞める場合には，会社としては解雇の形を何とかさけ，合意退職の形となるように，最大限の努力をしてください。

１．合意退職とは

Ｑ１　合意退職の法的な意味を教えてください。

Ａ１　合意退職とは，会社と従業員との合意による労働契約の解約のことです（図表４－３参照）。

⑴　合意退職とは

依願退職といわれているものの多くが，この合意退職に該当します。合意退職は労使双方の合意による解約ですから，労働基準法の解雇規制や判例の「解雇権濫用の法理」は適用されません。

ただし，民法の法律行為（意思表示）その他の規定により，法律行為の有効・無効・取消しの可否等が判断されます。

従業員が「退職願い」を提出したのが合意退職の申入れの趣旨であれば，会社の承諾があってはじめて退職になります。

退職の時点は，原則として，会社の承諾のあった時点です。ただし，労使双方で別の日を退職日と決めれば，その日となります。

⑵　「退職願い」の撤回は認められるか

その従業員の会社への合意退職の申入れである「退職願い」の提出は，会社の承諾がなされる前であれば，従業員は原則として自由に撤回できます（昭和

自動車事件，福岡高裁判決，昭和53年)。

ただし，次のいずれかの場合には，撤回できません。

① 合意退職の申入れであれば，会社がそれを承諾した場合

② 従業員の辞職の申入れであれば，それが会社の人事権者（人事部長等）に到達した場合

2．辞職とは

Q２　辞職の法的な意味を教えてください。

A２　辞職とは，従業員から会社への一方的な申入れによる労働契約の解約のことです（図表４－４参照)。民法の規定が適用されます。

⑴　無期雇用契約（期間の定めのない雇用契約：月給制・年俸制の従業員）の場合

従業員からの解約申入れの後，２週間を経過することによって自動的に，その雇用契約は解約（雇用関係は終了）されます（令和２年４月１日施行，改正民法627条)。

従業員側の辞職の事由（原因となる事実や理由のこと）は問いません。会社の同意も必要ありません。

なお，その従業員の「辞職願い」(解約の申入れ）に２週間よりも長い期間，例えば，「１カ月後の令和○年○月○日をもって辞職する」と記載してあれば，その日が辞職の日になります。

⑵　有期雇用契約（期間の定めのある雇用契約）期間中途の場合

従業員にとって「やむを得ない事由」がある場合に限って，ただちに雇用契約を解約することができます。

しかし，その事由が従業員の過失によって生じたときは，会社に対して損害賠償の責任を負います。

このように，有期雇用契約は民法による拘束力が強いことから，労基法14条では，その契約期間が，原則，最長３年とされています。

⑶　黙示の更新の場合

有期雇用契約の期間満了ののちも，労使双方が異議なく事実上雇用関係が続いた場合は，その有期雇用契約は前の契約と同一条件で更新されたものとして取り扱われます（民法629条）。

この契約更新期間中，従業員は期間の定めのない契約と同じように，いつでも使用者（会社）に解約（辞職）の申入れをすることができます。

⑷　就業規則の規定のしかた

従業員が辞職を申し入れた場合，会社としては，後任者を決め，職務の引継ぎをしてもらう必要があります。

したがって，就業規則に図表４－２の辞職申入れの規定を設け，原則的に，辞職の１カ月前までに会社に申し入れるように周知しておきましょう。

【図表４－２】就業規則の辞職（退職）に関する規定例

（辞職の申入れ）

第○○条　社員が辞職を希望する場合には，原則として，辞職希望日の１カ月前までに，所定の「辞職願い」により，会社に申し入れるものとする。

【図表4－3】退職合意書の記載例

退職合意書

○○○○株式会社○○○○事業所所長○○○○（以下「甲」という。）と同社社員○○○○（以下「乙」という。）とは，同社○○○○事業所の事業縮小に伴い，乙が令和○年○月○日に退職することについて合意する。

なお，上述の合意退職に伴う手続きについては，下記のとおりとする。

記

1　退職後の連絡先（住所等）	〒
2　健康保険証の返却（退職日までに返却）	○月○日（　持参　・　郵送　）予定
3　雇用保険離職票の発行	必要　・　不要
4　健康保険任意保険継続希望	あり　・　なり
5　住民税の徴収方法	一括徴収・普通徴収・転職先にて継続
6　退職時回収物	□社員証　□制服　□作業靴 □携帯電話　□鍵類　□名刺 □通勤定期券　□その他（　　　　）
7　その他確認事項	

令和○年○月○日

○○○○株式会社

○○○○事業所　所長　○○○○　㊞

同社社員　○○○○　㊞

【図表４－４】辞職願いの記載例

令和○年○月○日

株式会社　○○○○
代表取締役　○○○○ 様

所属　業務部
氏名○○○○　㊞

辞　職　願　い

私は，このたび，下記の事由により辞職いたしたく，ご承認くださいますようお願い申し上げます。

記

1　辞職希望日	令和○年○月○日
2　辞職事由（該当するものに○）	(1.) 転職のため 2．健康上の理由 3．労働条件面での理由 4．職務が自分に合わないため 5．職場内の人間関係 6．家庭の事情により 7．その他（　）
3　辞職の具体的理由	当社の事業不振に伴う転職のため。
4　辞職後の連絡先	〒××× - ×××× 千葉県○○市○○×－××－× TEL：×××（××××）×××× 自宅・(携帯)・その他（　）
5　最終出勤日	令和○年○月○日
6　健康保険証の返却（辞職日までに返却）	○月○日　((返却)・郵送）(予定)
7　雇用保険離職票の発行	(必要)・不要
8　健康保険任意継続希望	あり・(なし)
9　住民税の徴収方法	一括徴収・(普通徴収)・転職先にて継続
10　辞職時回収物	□社員証　□作業服　□帽子　□作業靴 □鍵類　□名刺　□通勤定期券 □その他（　　　　　　）
11　その他確認事項	

承認印			

3．早期退職者優遇制度

Ｑ３　早期退職者優遇制度とは，どのようなものでしょうか。

Ａ３　早期退職者優遇制度とは，①希望退職者を募集したり，②定年前の早期退職を奨励し，これに応じて退職する者に割増退職金を支払うなどの優遇措置を行うものです。

これは，経営の合理化，スリム化などのために行われるものです。

⑴　早期退職者優遇制度の社内周知用の文書例は

社内周知用の文書例は，図表４－５のとおりです。この制度を実施することに伴う会社側と従業員との間のトラブルを防ぐため，制度を知らせる文書に，

①　制度適用の対象者の範囲

②　会社の認めた者に限定されること

③　希望退職応募期間

④　退職日

⑤　退職金の上積みなど優遇措置の内容

⑥　その他必要事項

を明確に記載しておくことが必要です。

⑵　制度の内容，対象者限定等についての法的規制は

早期退職者優遇制度の内容，条件をどのようなものにするか，対象者をどのような従業員に限定するかなどについては，男女差別など法違反の内容であったり，労働協約等による制限があったり，公序良俗（公の秩序，または善良の風俗のこと）に反するものでない限り，原則として会社の広範な裁量に委ねられています。

例えば，実施時期や年齢等による早期退職者優遇制度適用の有無，所属部署による加算金の増減は認められます。

ただし，男女差別については，均等法６条４号で禁止されています（Ｑ６参

照)。

⑶　会社の承認を制度適用の要件とすることは認められるか

早期退職者優遇制度を法律的に説明すると，

①　会社（使用者）が行う早期退職者優遇制度の募集は，従業員に対する合意退職申込みの勧誘です。

②　これに対して従業員が応募したり，退職届を提出する行為が合意退職申込みの意思表示です。

③　使用者が，上述②の合意退職申込みに対して承諾することで，はじめて「合意退職」が成立します。

このため，図表４－５の第１項のように会社が承認した者のみに，優遇制度の適用を認めること自体は問題ありません。

ただし，優遇制度の適用をめぐってトラブルが発生しないように，制度適用の有無については，図表４－５のように文書で本人に通知します。

しかし，優遇制度の適用の有無と関係なく，会社としては継続勤務してほしい優秀な従業員が，自分の意思で早期退職することは，会社としてとめることはできません。

このようなことにならないようにするため，会社に残ってほしい従業員に対しては，早期退職者優遇制度を公表する前に，個別に説得しておくことが必要です。

⑷　早期退職者優遇制度適用の有無の通知文書例は

この制度の申込者には，制度適用の有無について図表４－６の文書で通知します。

【図表４－５】早期退職者優遇制度の社内周知用の文書例

早期退職者優遇制度の実施について

令和○○年○月○日
人事部長○○○○

当社は，次のとおり早期退職者優遇制度を実施します。

1　対象者

①　○○歳以上の正社員であって，かつ，

②　会社の認めた者

2　希望退職者の応募期間

令和○○年○○月○○日から令和○○年○○月○○日午後５時までに所定の申込書により人事課に応募すること。

3　退職日

令和○○年○○月○○日までの間で当人の希望する日とする。

4　希望退職加算の取扱い

会社が認めた早期退職者については，次の⑴及び⑵のとおりの取扱いとする。

⑴　月給

第３項の退職日にかかわらず，退職日の月末までの賃金相当額を支給する。

⑵　退職金

所定の退職金額に，次の金額を加算する。

勤続○年までの者	基本給の○カ月分
〃 ○年までの者	基本給の○カ月分
〃 ○年までの者	基本給の○カ月分

5　支払日

⑴　月給は，所定の賃金支払日に所定の方法により支払う。

⑵　退職金は，退職後○日以内に当人指定の金融機関の口座に振り込む形で支払う。

6　退職理由の取扱い

⑴　雇用保険受給のための離職票については，当人の退職後すみやかに，退職理由を「会社都合」と記載したものを郵送により交付する。

⑵　その他の退職理由証明書等についても，当人の請求により「会社都合」とするものを，すみやかに郵送により交付する。

7　問い合わせ先

本件についての問い合わせは，すべて人事課で対応する。

【図表４－６】早期退職者優遇制度適用の有無の通知文書例

令和○○年○月○日

○○○○　殿

株式会社○○○○
人事部長○○○○　㊞

早期退職者優遇制度（令和○○年○○月○○日発表）の
対象者とすることについて

貴殿は，標記制度に令和○○年○○月○○日付けで申し込まれました。
当社は，本日，貴殿が標記制度の対象者として退職することを認めましたので，そのことを通知します。
貴殿の退職の諸手続きについては，おって人事課から連絡します。

以上

４．退職勧奨とは

Ｑ４　退職勧奨の意義・限度や手続きを教えてください。

Ａ４　退職の勧奨とは，会社が従業員に対して，強制ではなく，従業員みずから退職するように説得，勧誘するという形で働きかけをすることをいいます。個別の「肩たたき」や「希望退職者の募集」がこれにあたります。勧奨を受けた従業員が退職するかしないかは，あくまでも自分の判断で行うことです。

解雇ではなく，「合意の退職」ですから，会社には，解雇の予告，または解雇予告手当の支払義務はありません。

(1)　従業員のメリットは

会社が退職勧奨を行う場合，従業員が勧奨に応じやすいように，一般的に，

①　何カ月分かの月例賃金（月給）を補償する。

② 退職金が「会社都合による退職」として，自己都合退職の場合よりも高くなる。
③ 通常の退職時の退職金に一定額の上積みを行う。
④ 会社が再就職のあっせんを行う。

などの取扱いをします。

このほか，従業員にとっては，

① 自分の意思による退職なので，経歴に傷がつかず，再就職しやすい
② 雇用保険の離職理由が離職票に「会社都合」と記載されるので，２カ月間の給付制限を受けず，すぐに失業給付（基本手当）を受け取ることができる

というメリットがあります。

⑵ 退職勧奨の限度は

退職勧奨自体は違法ではありません。

しかし，退職勧奨の方法が，その回数，時間数，人数，具体的な発言等により総合的に見て社会通念上許容できる程度を超え，従業員の自由意思を侵すものである場合には，対象従業員が民事訴訟を提起することにより，その退職の合意は民法の規定により無効になったり，取り消されたりします。

さらに，慰謝料を請求されたり，パワハラであると訴えられるおそれもあります。

例えば，人事担当者，上司等が，

① 執拗な勧奨を繰り返す
② 大勢で取り囲む
③ 配置転換や労働条件の切下げをほのめかして退職に追い込む
④ 感情的になって暴言を吐く

といったことを行ってはなりません。

⑶ 退職合意書の作成は

会社側としては，退職の合意が成立したら，その場でただちに合意書を書いてもらうようにします。その場では納得していても，あとになって考えが変わ

ることも多々あります。「退職は無効だ」と訴えられ。トラブルにならないように合意したことを書面でとっておくことが大切です。

５．退職合意書の文例

Ｑ５　退職合意書の文例を教えてください。

Ａ５　図表４－７のとおりです。

【図表４－７】退職合意書例

退職合意書

○○○○株式会社（以下「甲」いう。）と○○○○（以下「乙」という。）とは，甲と乙との間の労働契約の解約に関して，以下のとおり合意する。本合意の証として本書を２通作成し，署名押印して各々１通を保管するものとする。

１　合意解約

甲と乙は，甲が乙に対して提案した退職勧奨を乙が受け入れたことにより，令和○○年○月○日をもって，労働契約を合意解約する。

２　離職理由

甲が乙に発行する雇用保険の離職証明書に記載する離職理由は，「会社都合（退職勧奨に応じた離職）」とする。

３　退職日までの勤務

乙は，第１項の退職日までの期間のうち，令和○○年○月○日まで出勤するものとする。

４　退職日までの月例給与

甲は，乙が第３項で定める日まで出勤した場合は，出勤した日数に応じて計算した所定の月例給与を，令和○○年○月○日に乙の指定する金融機関の預金口座に振込送金する方法で支払う。

５　退職金

甲は，乙に対して，退職金として金○○○○円を支払うものとし，これを令和○○年○月○日までに，乙の指定する金融機関の預金口座に振込送金する方法で支払う。

6　未取得の年次有給休暇
甲と乙は，未取得となっている乙の年次有給休暇日数が○日であることを相互に確認し，乙は令和○○年○月○日より令和○○年○月○日までの間に，これを取得する。
7　貸与品の返還と秘密保持
乙は，甲の営業秘密および個人情報にかかる資料を，正本，副本等の別を問わず，すべて甲に返還し，一切所持しないことを誓約するとともに，在職中に知り得た甲の営業秘密および個人情報を退職後も他に漏らしてはならない。
8　清算
甲と乙は，本合意書に定めるほか，何らの債権債務が存在しないことを相互に確認する。
9　守秘義務
甲と乙は，本件ならびに本合意書の成立および内容を第三者に開示しないものとし，今後，相互に誹謗中傷しないものとする。また，甲は，今後乙の不利益となる情報を開示せず，第三者から乙の退職原因を問われた場合には，円満退職したことのみを告げるものとする。

令和○○年○月○日

甲　東京都○○区○○×－×－×
株式会社○○○○
代表取締役○○○○　㊞
乙　東京都○○市○○×－×－××
○○○○　㊞

6．退職勧奨についての男女の差別的取扱いの禁止

Q6　退職勧奨で男女差別として禁止されることは，どのようなことでしょうか。

A6　事業主は，労働者の退職の勧奨について，例えば，図表4－8のような性別を理由とした男女いずれかを差別してはなりません（均等法6条4号）。

(1) 退職勧奨で男女の差別的取扱いとされる例をみると

退職勧奨については，１つの雇用管理区分で，図表４－８のような措置を講ずることは，禁止されています（均等法６条４号，厚生労働大臣指針）。

なお，雇用管理区分とは，例えば，総合職，一般職，事務職，技術職といったことです。異なる雇用管理区分で取扱いが異なっていても，それは合理性のある区別として認められます。

【図表４－８】退職勧奨で男女の差別的取扱いとされる例

禁止措置	差別的取扱いにあたる例
①　退職勧奨にあたって対象を男女のいずれかのみとする	（男女のいずれかのみとしている例） 女性労働者に対してのみ，経営の合理化のための早期退職者制度の利用を働きかける。
②　退職勧奨にあたっての条件を男女で異なるものとする	（異なるものとしている例） ①　女性労働者に対してのみ，子を有していることを理由として，退職の勧奨をする。 ②　経営の合理化に際して，既婚の女性労働者に対してのみ，退職の勧奨をする。
③　退職勧奨にあたって，能力・資質の有無等を判断する場合に，方法や基準について男女で異なる取扱いをする。	（異なる取扱い例） 経営合理化に伴い退職勧奨を実施するにあたり，人事考課を考慮する場合において，男性労働者については最低の評価がなされている者のみ退職の勧奨の対象とするが，女性労働者については，特に優秀という評価がなされている者以外は退職の勧奨の対象とする。
④　退職勧奨にあたって，男女のいずれかを優先する	（優先している例） ①　男性労働者よりも優先して，女性労働者に対して退職の勧奨をする。 ②　退職の勧奨の対象とする年齢を女性労働者に対しては45歳，男性労働者については50歳とするなど男女で差を設ける。

7．学生からの採用内定辞退とは

Q７　当社が採用内定通知文書を交付した学生から「その後，他社に内定したので御社の内定を辞退したい」と連絡がありました。
会社側としては，了解するしかないのでしょうか。

A７　了解するしかありません。

法的にいえば，労働者には，雇用契約解約の自由（民法627条）があるので，２週間の予告期間を置く限り，自由に取り消すことができます。了解するしかありません。

8．退職の意思表示の撤回の効力

Q８　当社の従業員が３日前に「退職願い」を提出してきました。しかし，先輩から「もう少しの辛抱だよ，君の上司は近く異動するから」と諭されて，気持ちが変わったらしく，昨日，「好きな仕事だから，引き続き勤務したい」といってきました。「退職願い」の撤回はできるものなのでしょうか。

A８　このケースの場合，問題は，「退職願い」が会社内部のどの段階まで承諾が進んでいるかが判断の分かれ目になります。

「退職願い」，「辞表」の提出といった従業員の会社に対する退職の意思表示は，法律的にいえば，次のいずれかの場合には，撤回できないからです（改正民法97条）。

① 「合意退職」の申入れの場合は，会社がその申入れを承諾した場合
② 「辞職」の通告で行った場合は，その通告が会社の人事権者（人事部長等）に到達した場合

ただし，労働契約はあくまで会社と従業員の私的な契約ですから，前記のと

ころまで承諾が進んでいたとしても，会社と従業員が話し合って「退職願い」がなかったことにすることは可能です。

ただちに，会社から当人に会社側の考えを説明し，「退職願い」を撤回させてください。

９．強迫・錯誤・詐欺等による退職の意思表示の効力

Ｑ９　その従業員が，上司に強迫されて辞表を提出した場合や，集金した大金を紛失したと思い込み，「退職願い」を郵送したが，お金が見つかったため，「退職は無効だ。」と従業員が主張してきた場合の取扱いを教えてください。

Ａ９　従業員から会社への退職の意思表示が強迫や錯誤によるものであったり，真意でないときは，次のように民法の規定上取り消すことが可能です（図表４－９）。

⑴　強迫

上司など会社側が従業員に畏怖心を生じさせ，退職の意思表示をさせた場合は，強迫によるものとして，その意思表示の取消しが認められます（民法96条１項）。例えば，若年従業員を長時間一室におしとどめ，懲戒解雇をほのめかせて退職を強要するようなケースです。

⑵　錯誤（さくご），詐欺

錯誤による退職の意思表示は，その従業員が退職しなければと思った原因となる事情についての認識が真実ではなく，その錯誤が「法律行為の目的及び取引上の社会通念に照らして重要なものである」ときは，取り消すことができます（改正民法95条）。本件の質問のように，実際にはお金はなくなっていないのに集金した大金が紛失したと思い込み「退職願い」を出した場合です。

また，詐欺によるものも，取消しが認められます（民法96条１項）。詐欺に

よる退職としては，上司が会社に結婚退職の慣行があると誤信させて女性従業員を退職させた場合などです。

⑶ 真意でない退職届

従業員が会社の不当性をわからせようとして，本当に退職する気持ちはないのに，退職届を出すといったケースもありえます。これを心裡留保（外に現れた意思表示と内心の真意がくいちがうこと）といいます。

この場合，真意でない意思表示は，原則として有効，つまり，会社が退職として取り扱ったとしてもやむを得ません。ただし，従業員の真意でないことを会社側が知っていたか，あるいは知ることができたことを，従業員が立証すれば，退職は無効となります（民法93条）。

【図表４－９】退職が取消し・無効になる場合

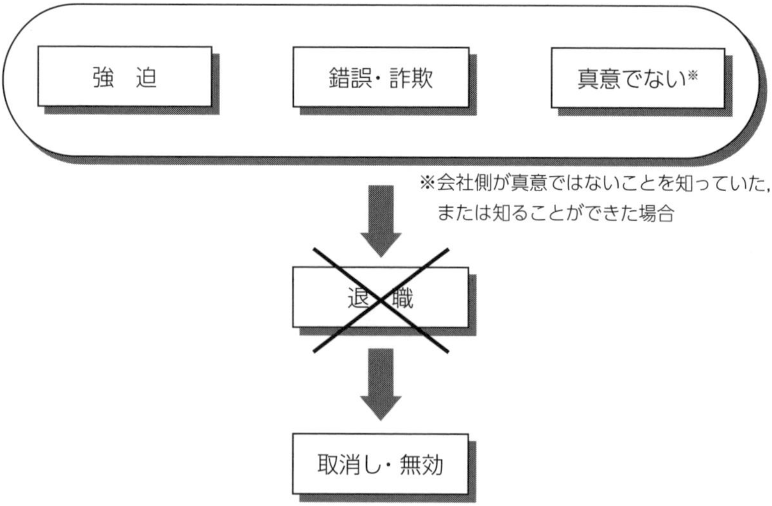

強　迫

錯誤・詐欺

真意でない※

※会社側が真意ではないことを知っていた，または知ることができた場合

退　職

取消し・無効

10. 行方不明の従業員を自動退職にする手続き

Q10　次のいずれかの状態で，従業員本人の退職意思がきちんと確認できない場合は，どのように取り扱ったらよいでしょうか。
①　無断欠勤が続き，会社が電話，メールをしても従業員本人と連絡がとれない場合
②　一言，退職する旨のことを同僚や上司に言って会社をとび出し，そのあと連絡がとれない場合

A10　自動退職にする方法がよいでしょう。

⑴　行方不明者は解雇できるか

このケースの場合，本来であれば無断欠勤による「解雇」としてもいいところです。しかし，解雇の場合，会社の解雇の意思表示が解雇される従業人本人に到達することが前提となります。このため，本人の所在がわからなければ解雇を通告したことになりません。その場合は，「公示送達」（民法98条）という法的な手続きもありますが，この方法は多くの手間や費用がかかりますので，実務処理にはむきません。

⑵　辞職（自己都合退職）として処理できるか

辞職（自己都合退職）として処理すると，従業員本人からの退職の意思表示が文書で確認できていないので，後日，本人から「本当に辞職する意思はなかった」と主張された場合にトラブルや争いが生じます。

⑶　自動退職とするのがよい

会社は，就業規則に図表４－10の規定を設けておきます。この規定のポイントは，従業員本人の所在がわからなくても，また，意思の確認ができなくても，一定期間を経過すれば自動退職になるところにあります。

「２週間の無断欠勤」としたのは，次の理由からです。

労働基準監督署長が解雇予告除外認定できる事由の１つに「原則として２週

間以上正当な理由なく無断欠勤し，出勤の督促に応じない場合」とあるのを考慮したものです。

【図表４－10】行方不明者を自動退職にする就業規則の規定例

（退職）
第○○条　社員が次の各号のいずれかに該当するに至ったときは，退職とする。
　この場合，退職の日は，次の各号に定める事由に応じて，それぞれ定められた日とする。
　(1)～(3)略

A案

(4)　社員本人または家族から会社に対して何ら連絡のないまま欠勤が14日以上続いたときは，その翌日をもって自動退職とする。
　ただし，天災地変，重傷の私傷病等により会社に連絡をすることが困難な場合は除く。

B案

(4)　無断欠勤が14日間に及んだときには，退職する意思表示をしたものとみなし，14日経過の翌日をもって退職とする。

従業員に１週間程度無断欠勤が続き，電話，メールなどをしても応答がない場合には，図表４－11の退職通知書を発出します。

通知書を送る際は，配達記録郵便など，先方の受取り状況を確認できる方法で送るようにします。

なお，所在不明により従業員本人あての住所では通知が配達されない可能性がある場合には，家族や身元引受人に通知を託すことも考えられます。

会社が行った電話，メールの記録も後日，民事訴訟等になった場合のことを考慮して残しておきます。

【図表４－11】行方不明者に対する退職通知書例

令和○○年○月○日

○○　○○　殿

株式会社○○○○
代表取締役　○○　○○　㊞

退職通知書

貴殿は，令和○○年○月○○日から無断欠勤が続いており，令和○○年○月○○日以降，当社からのメール・電話等による再三の連絡にもかかわらず，いまだ応じていただけない状況です。

したがいまして，令和○○年○月○○日までにご連絡をいただけない場合は，正社員就業規則第○条第○項の規定により，令和○○年○月○○日をもって退職扱いとなりますので，その旨通知します。

就業規則の根拠規定を記載。

連絡先：総務課○○　○○
（電話：○○―○○○○－○○○○）

以上

3　企業再編成と労働契約の承継

Q　企業が再編成された場合，元の企業に雇用されていた労働者の取扱いはどうなりますか。

A　その場合でも労働者との雇用契約は新組織に引き継がれます（図表4−12〜14）。

⑴　労働契約は承継される

1）正しい意味でのリストラ策の一環として，会社合併や営業譲渡，会社分割等の方法で企業の再編成が進められる場合があります。

その際，個々の従業員の労働契約（雇用，身分，労働条件等）がどう引き継がれるかは再編成の形態によって異なりますが，いずれにしろ労働者の保護を図るのが基本です。

2）実際には，企業再編成をきっかけに人員削減や労働条件の変更が行われるケースもありますが，その場合，再編行為とはまったく別に，通常の整理解雇や労働条件の不利益変更の手続きをとることが必要です。

3）なお，共通の持ち株会社を設立して企業グループを形成する形の経営統合や，株式を持ち合う資本提携，業務に関連して協力関係を築く業務提携等，経営主体に変更がない形での再編成では，労働契約の承継に関する問題は生じません。

【図表４－12】企業の再編成の形態

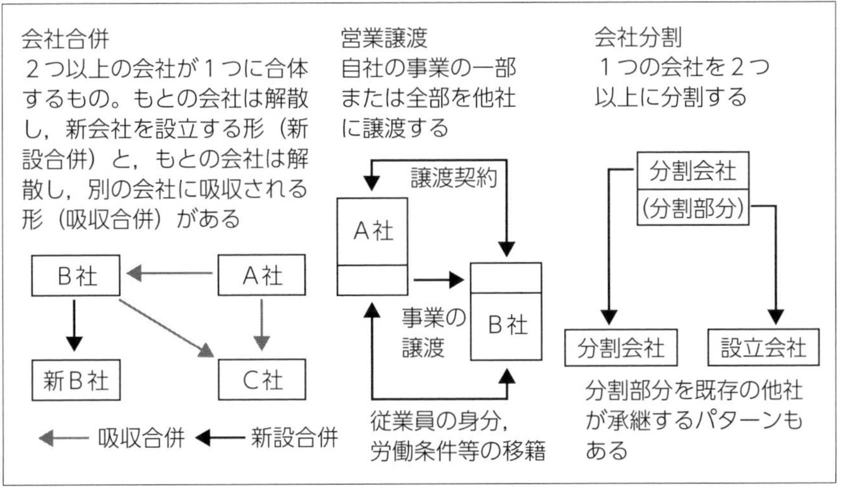

【図表４－13】企業再編成の形態により労働者の取扱いはどうなるか

	会社合併	営業譲渡	会社分割
労働契約の承継	商法の規定により，労働契約の内容（雇用，身分，貸金，労働時間その他）がすべてそのまま，合併後の会社に引き継がれる。	譲渡契約書に記載された事項のみが承継される。ただし，安易な解雇を防ぐため，譲渡される営業にかかわる従業員の労働契約も一体となって引き継がれると解釈されている。	分割会社が作成する分割計画書で，労働契約を承継するとされた従業員については，労働契約の内容（雇用，身分，賃金，労働時間その他）がすべてそのまま承継される。
対象従業員の同意	不要	必要	異議申し出により，計画を変更できる場合がある（下記参照）。
労働協約	そっくりそのまま承継される。	譲渡契約書に記載されたもののみが承継される。	労働組合員が承継された場合は，旧協約と同一のものが新会社で結ばれたものとみなされる。

【図表４－14】会社分割による労働契約の承継の流れ

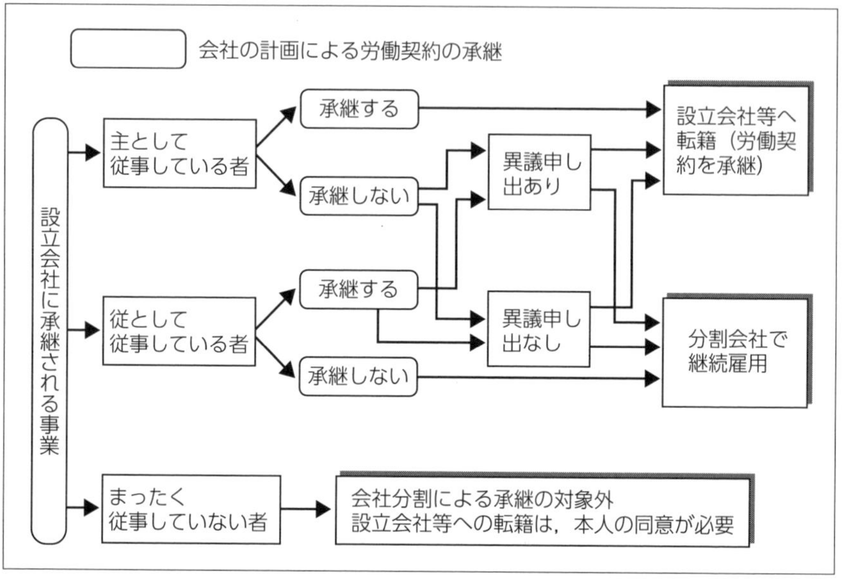

4　退職・解雇（離職）時の手続き，退職金の支払いなど

1．自社社員の退職後の競業禁止とは

Q１　当社の就職規則では，従業員は退職後２年間，関東地域で一定業務について同業他社に再就職することを禁止しています。先日，退職予定の従業員の中に，この規定に対して「この規定は憲法の職業選択の自由を侵しています。それに，これまでの経験や能力を活かしてこそ，再就職先が見つかるのですから，こんな規則は無視してもいいですよね」と訴えてきました。法律上問題があるのでしょうか。

A１　競業禁止の問題は，会社の利益保護と退職した従業員の職業選択の自由や営業の自由とのバランスの問題です。

従業員の退職後の競業禁止は一概にはいえない問題を含んでいます。例えば，秘伝のタレを売り物にしているラーメンチェーン店のタレ作り従業員が退職して，競合のラーメンチェーン店に再就職したらどうなるでしょう。これは会社としてはぜひとも避けたいことです。また，ある生命保険会社のトップセールスマンが，競合する他の生命保険会社に再就職し，これまでの顧客をごっそりと引き抜くようなことがあると，会社としては許せるものではありません。

一方，東京で不動産仲介業の仕事をしていた従業員が，大阪の別の不動産仲介業に就職しても問題はあまり生じないと考えられます。

会社側からすれば，自社の営業上の秘密や，製品・製法の秘密を知っている元従業員が同じ事業を始め，競争相手となることは大きな痛手となるし，守秘義務や信義誠実の原則のうえからも問題があるので，競業開始のための退職を禁止したいと考えるのが当然です。

そこで，このケースのように，会社は就業規則に規定を設けたり，企業秘密等を要する職務に従事する従業員と特別な競業禁止の契約を結んだりするので

す。こうすることで，退職する従業員が競業を開始したり，または，しようとした場合に，裁判所への競業行為の差止請求をしやすくしようとするのが狙いです。

そう考えると，退職した前の会社に大きな損害を与えたり，将来的な利益を奪ったりするような行為を新しく入った会社で行えば，訴えられることがあるでしょうが，そうでない場合はあまり拘束性のない禁止規定といえるでしょう[※1]。

なお，図表４－15の判例を見ると，このような競業禁止の就業規則の規定を定めること自体は，合理的内容であれば有効であるとしています[※2]。

※１　競業禁止については，労働関係法令には具体的な規定がないので，裁判所は事例ごとに民法の定める公序良俗に反するかどうかで判断しています。

※２　合理性かあるかどうかは，①転職禁止の期間や地域範囲が適切か否か，②契約によって生じる不利益を給与・賞与で補っているか（代償措置），③会社側に損害が生じているかなどが判断のポイントです。

【図表４－15】退職後の競業禁止に関する判例

判　例	内　容　説　明
①　フォセコ・ジャパン・リミテッド事件（奈良地裁判決，昭和45年）	会社が在職中の従業員と結んだ秘密漏洩の防止，退職後２年間の競業禁止の特約を有効として，差止請求を認めています。 判決では，その特約が有効なためには競業禁止の制度が合理的範囲を超えていないことを必要とする，としています。 具体的には①制限期間，②対象地域，③対象職種・業務，④代償措置の有無等から判断されます。
②　東京リーガルマインド事件（東京地裁判決，平成７年）	就業規則の規定が合理的な内容であれば，特約となり得るとしています。 そして競業禁止義務が認められた場合でも，さらに差止請求が認められるためには「営業上の利益を現に侵害される具体的なおそれ」が必要であるとされています。

2．一方的退職者の退職金不支給とは

Q２　当社では，会社の承諾なく勝手に辞職した場合には，退職金が支払われません。また，同業他社に再就職した場合は，退職金が通常の２分の１に減らされます。当社としましては，退職金は辞める従業員に対するお礼や餞別と考えているため，支給の有無は自由に決められると思っています。こうした取扱いに問題はあるのでしょうか。

A２　裁判上は，一方的退職者（辞職者）に対して退職金を支払わないのは，認められないとする傾向が強いようです。

その理由は，退職について会社の承諾がなければ退職金が支払われないとすると，退職金をもらうためには，会社から退職の承諾が得られるまで会社との雇用関係を続けなければならないことになってしまい，職業選択の自由の精神と相反することになってしまうからです。

一方，「同業他社への転職の場合，退職金は通常の２分の１」とする就業規則（退職金規程）の規定は，現実問題として転職によって自社の顧客が他社に移ったり，その従業員が今後は競合相手となるといったことから，退職金の功労報酬的な意味合いから考えても，当然認められるとする判例があります。

3．退職者に業務引継ぎをきちんと行わせる方法

Q３　退職者に対して，後任者への業務引継ぎをきちんと行わせる方法はないでしょうか。

A３　就業規則に図表４－16の規定をあらかじめ設けておき，上司から退職者に指示することにより，業務引継ぎをきちんと行わせることができます。

【図表４－16】就業規則の業務引継ぎなどに関する規定例

（退職手続き，精算）
第○○条
（第１項　略）
２　社員は，退職しようとする場合（雇用契約期間の終了，解雇等を含む。以下，本条において同じ。）退職日まで誠実に勤務を継続しなければならない。
３　社員は，退職しようとする場合，業務の引継ぎを，会社の指定する日までに会社の指定する社員に対して書面で行い，所属長の引継ぎ完了の承認印をもらって完了させなければならない。なお，引継ぎを完了しないで退職しようとする場合には，懲戒処分を行い，退職金を減額することがある。
４　社員は，退職しようとする場合は，会社から貸与又は支給された一切の物品，資料等を会社が指定する日までに返還し，社宅を使用する者は，その社宅を明け渡し，その他会社への債務を会社が指定する日までに精算しなければならない。
５　社員は，退職する場合，機密保持及び個人情報保護のための処置について会社の確認を受け，所定の誓約書を提出しなければならない。

４．退職者に貸与品をきちんと返却させる方法

Ｑ４　退職者が会社の貸与した制服，IDカード，携帯電話を返却せずに困っています。
当人に未払い給与が残っていますので，そこから制服代を差し引きたいと思いますが，問題はあるでしょうか。

Ａ４　「賃金控除に関する労使協定」の中に必要な規定を設ければ，認められます。

⑴　就業規則の規定，チェックリストの作成

会社は，従業員に制服，IDカード，携帯電話等々さまざまな物を貸与しています。従業員が退職する場合には，これらのものをすべて返却してもらうのは当然です。

しかし，中にはその指示にしたがわない従業員もいますので，就業規則に図表４－17のような義務規定をあらかじめ設けるとともに，回収のチェックリストを設けておきます。

担当者もしくは退職従業員の上司は，当人に未払賃金，退職金が支払われる前に，チェックリストにより貸与品等を回収しておきます。

(2) 未払賃金からの差し引きは可能

貸与した制服等については，返却義務があるにもかかわらず退職従業員が返却しない場合は，その費用を請求することが可能です。

ただし，賃金には「全額払いの原則」があります（労基法24条）。賃金はその全額を支払うのが原則で，源泉税や社会・労働保険料など法令で定められた控除（法定控除）のほかは，労働者の過半数代表者と結んだ労使協定で定めておかなければ，賃金から控除することはできません（協定控除）。労使協定で定める控除としては，物品購入代金，社宅費用，組合費等がこれにあたります。

このほかに，労使協定の中に「貸与した制服を返却しない場合は，賃金から制服代として○○円を控除する」等の定めをしておけば控除できます。

【図表４－17】就業規則の業務引継ぎなどに関する規定例

（退職従業員の貸与品等の返却）

第○○条　退職する従業員は，退職日までに会社から貸与された次のものなどを会社に返却しなければならない。

① 会社から貸与された携帯電話，パソコン等の通信機器
② 制服
③ 業務で使用した書類，データ
④ 健康保険証
⑤ 会社の鍵，IDカード
⑥ 名刺
⑦ 会社の業務を通じて取得した名刺
⑧ その他会社から貸与されたもの

5．退職・解雇証明書の交付と文例

Q５　退職する従業員から会社に対して退職証明書を請求されました。どのようにしたらよいでしょうか。

A５　交付しなければなりません。文例は，図表４－18・図表４－19のとおりです。

⑴　退職・解雇証明書の交付は

退職する従業員から退職証明書を請求された場合，会社は，図表４－18・図表４－19のように，遅滞なく，これを交付しなければなりません。

また，解雇の理由を書いた解雇理由証明書を求められた場合も，これを交付するのが会社の義務です（労基法22条）。

⑵　ブラックリストの禁止とは

使用者は，①あらかじめ第三者と共謀し，②就職妨害の目的で，③労働者の国籍・信条・社会的身分・労働組合運動に関する通信をし，または④使用証明書に秘密の記号を記入することは禁止されています。

③については，これら以外のこと，例えば，タクシー運転手の交通違反回数，不正営業の有無等を通信し，その労働者の就職を妨げても，本条には触れません（労基法22条４項）。

⑶　退職従業員の訴訟の準備が目的

退職従業員が退職・解雇証明書の交付を請求してくる場合，多くは「退職・解雇の無効」等の民事訴訟を提起するケースが多いです。会社としても対応準備を進めてください。

【図表４－18】退職・解雇の証明書とは？

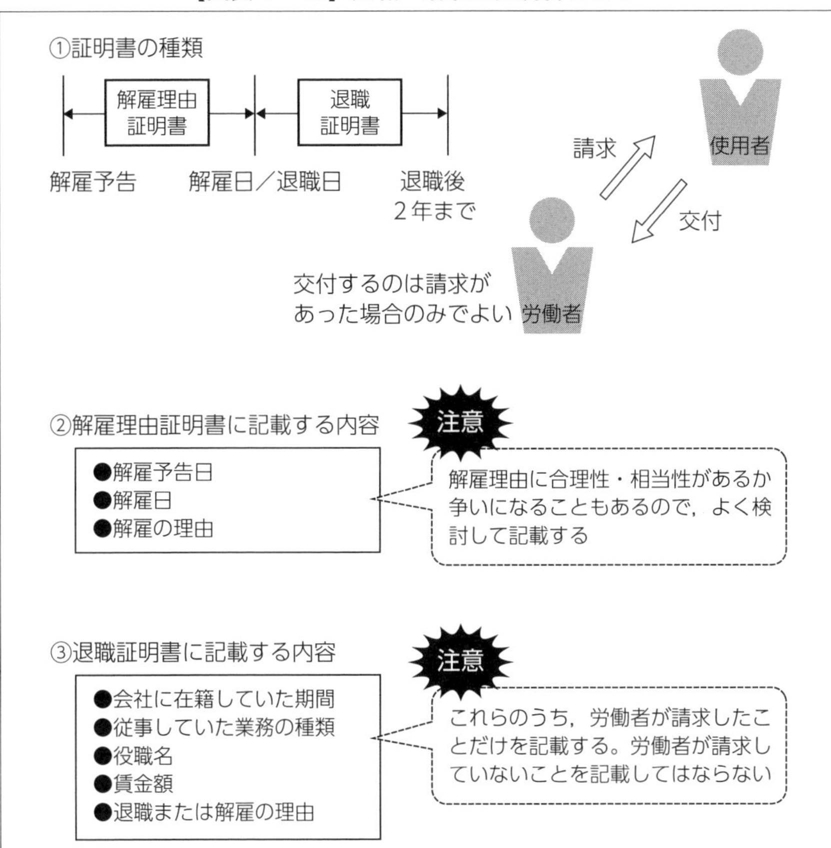

【図表４－19】退職証明書の書式例

退　職　証　明　書

＿＿＿＿＿＿＿＿殿

以下の事由により，あなたは当社を令和○○年○月○日に退職したことを証明します。

令和○○年○月○日

事業主氏名又は名称

使用者職氏名

① あなたの自己都合による退職（②を除く。）
② 当社の勧奨による退職
③ 定年による退職
④ 契約期間の満了による退職
⑤ 移籍出向による退職
⑥ その他（具体的には　　　　　　　　）による退職
⑦ 解雇（別紙の理由による。）

※ 該当する番号に○を付けること。

※ 解雇された労働者が解雇の理由を請求しない場合には，⑦の「（別紙の理由による。）」を二重線で消し，別紙（省略）は交付しないこと。

【図表４－20】別　紙

ア 天災事変その他やむを得ない理由（具体的には，
　　によって当社の事業の継続が不可能になったこと。）による解雇

イ 事業縮小等当社の都合（具体的には，当社が，
　　となったこと。）による解雇

ウ 職務命令に対する重大な違反行為（具体的には，あなたが
　　したこと。）による解雇

エ 業務について不正な行為（具体的には，あなたが
　　したこと。）による解雇

オ 相当長期間にわたる無断欠勤をしたこと等勤務不良であること（具体的には，
　　あなたがしたこと。）による解雇

カ その他（具体的には，
　　）による解雇

※該当するものに○を付け，具体的な理由等を（　）の中に記入すること。

6．会社の退職金の支給・金品の返還等

Q６　従業員が退職する際に，会社が行わなければならない手続きについて教えてください。

A６　次の⑴，⑵のとおりです。

⑴　退職金の支給・金品の返還は

労基法23条では，「使用者は，労働者の死亡又は退職の場合において，権利者の請求があった場合においては，７日以内に賃金を支払い，積立金，保証金，貯蓄金その他名称の如何を問わず，

労働者の権利に属する金品を返還しなければならない」と定めています。

権利者とは，退職あるいは解雇される従業員本人であり，本人が死亡した場合はその遺産相続人のことです。

賃金（退職金を除く）については，通常の支払日以前でも，権利者から請求があれば７日以内に支払わなければなりません。逆に，請求がなければ，金品の返還時期は会社の都合に合わせられます。

退職金については，退職金規程のとおり支払えば問題ありません（図表４－21の１参照）。

⑵　会社の行う退職者の社会・労働保険の手続きは

退職時には図表４－21の２～４のように，社会・労働保険等の手続きを行う必要もあります。これらも，すみやかに処理しましょう。

【図表４－21】従業員の退職・解雇のときの会社の手続き

１　金品の返還

辞める本人，または遺産相続人の請求があれば，７日以内に返還。ただし，退職金は，就業規則などで支払い時期を明確に定めておき，その月日に支払えばよい。例えば退職後３カ月でも，年金でも問題ない。

２　雇用保険の手続き

退職者がハローワークで休業給付の受給手続きをする際は，「雇用保険被保険者証」と「雇用保険被保険者離職票１，２」が必要。

「被保険者証」を会社が預かっている場合は，退職者に返す。また，退職者の「離職票」はできるだけ早く自宅に送る。

３　健康保険の手続き

退職者に健康保険証（遠隔地の扶養家族分も含む）を返還させ，脱退手続きを行う。退職者が資格喪失後※の継続給付を希望する場合には，会社は必要な書類に医師の証明を受けさせて提出させる。

※資格喪失日の前日までに継続して１年以上被保険者であれば，今まで受けていた傷病手当等の療養の給付を引き続き受けられる。

４　厚生年金保険の手続き

年金手帳（会社に保管）は必ず退職者に返還する。従業員または会社が紛失した場合は，年金事務所から再発行してもらう。

第5章

各種解雇の法規制と対応実務

第1節　各種解雇の共通事項

1　各種解雇の共通事項

解雇とは，会社が従業員（本書では，正社員，契約社員（期間雇用者），パートタイマー（短時間労働者）などすべての従業員のことをいいます）との間の労働契約（働いて賃金をもらう契約）を，一方的に解約することです。

解雇には，①普通解雇，②①のうちの整理解雇，③懲戒解雇があります。

第1節では，解雇とはどういうものか，その種類と違い，解雇の有効要件（会社の行う解雇はどのような要件を備えていれば有効に成立するのか）などについて説明します。

1．解雇とその種類

Q１ 解雇とはどのようなことでしょうか。また，解雇にはどのような種類があるのでしょうか。

A１ 解雇とは，会社が従業員（雇用している労働者）との労働契約を一方的に解約することです。

(1) 解雇とは何か

解雇とは，従業員は引き続きその会社に雇われることを望んでいるのに，会社が一方的にその従業員を辞めさせせることです。法律的にいえば，使用者（会社側）が労働者（従業員）との間に結んだ労働契約（働いて賃金を受け取る契約）を，一方的に解約することです。その際，従業員本人の同意は必要とされていません。

従業員が会社を辞めさせられたり，みずから辞めたりする，つまり労働契約を終了する形としては，解雇の他にも合意退職や辞職などがあります。

ただし，合意退職（依願退職）は，従業員と会社が合意のうえで労働契約を解約するものです。また，辞職は，従業員が一方的に労働契約を解約するものです。したがって，これらと，会社が一方的に従業員を辞めさせる解雇とではその有効要件，取扱いが大きく異なります。

解雇には，図表５－１のようにさまざまな種類・形態があります。

【図表５－１】解雇の種類・形態

① 普通解雇（病気で勤務ができないなどの場合）
　①のうちの整理解雇（経営悪化による人員整理の場合）
② 懲戒解雇（重大・悪質な服務規律・企業秩序違反の場合）
③ 採用内定者の内定取消し
④ 試用期間中の者・試用期間終了者の本採用拒否
⑤ 有期契約労働者（契約社員，有期のパートタイマー（短時間労働者），派遣社員）の契約期間中の解約

⑥　契約更新を重ねた有期契約労働者の更新拒否（雇止め）

⑵　普通解雇と懲戒解雇の違いは

解雇は，その事由により，大きく普通解雇（整理解雇を含む）と懲戒解雇との２つに分けることができます。

①　普通解雇

普通解雇は，次の１）または２）のいずれかの場合に行われるものです。

１）　労働者が，労働契約で約束した労務の提供（会社の指示どおりに働くこと）をまったくできないか，または不完全な労務提供しかできない場合（狭い意味での普通解雇，例えば，肉体的・精神的な病気，ケガ，能力不足，適格性欠如など）

２）　使用者の経営上の必要にもとづく場合（整理解雇）

②　懲戒解雇

懲戒解雇は，従業員が重大な服務規律違反や企業秩序違反を行った場合に，その制裁として労働契約を解約するなどの処分を行うものです。服務規律違反や企業秩序違反の主なものとしては，会社資金の横領・着服，不正行為，会社内における暴行・暴言，業務妨害，業務命令違反，経歴詐称，兼職禁止違反等，多様なものがあります。

⑶　予告解雇と即時解雇

解雇は，その事前手続きの面から，予告解雇と即時解雇に分けることができます。

①　予告解雇

使用者が，従業員を解雇する場合には，原則として，少なくとも30日前に本人に解雇の予告をするか，または30日分以上の平均賃金（解雇予告手当）を支払わなければなりません（労基法20条）。

この手続きにより行うものを予告解雇といいます。

②　即時解雇

前記①の例外として，１）天災事変その他やむを得ない事由のために事業の継続が不可能となった場合，または２）労働者の責に帰すべき事由にもとづいて解雇する場合には，あらかじめ，労基署長の解雇予告除外認定を受ければ，解雇予告も解雇予告手当の支払いも必要ありません（労基法20条ただし書）。解雇予告も解雇予告手当の支払いもしないで，ただちに解雇することを即時解雇といいます。

２．解雇が有効と認められるための共通４要件とは

Ｑ２　当社は，卸・小売業を主とする企業ですが，長引く不況の影響もあり，従業員の解雇を考えています。
会社が従業員を解雇する場合には，厳しい要件が設けられていると聞きましたが，今後の企業防衛のためにその内容を教えてください。

Ａ２　図表５－２の４要件が必要です。

⑴　解雇有効の共通４要件

解雇とは，会社が一方的に従業員を辞めさせることです。法律的にいえば，従業員との間の私的な労働契約（働かせて賃金を支払う契約）を会社側から一方的に解約することです。

現実問題として，解雇される従業員の側にすれば，明日からの生活の問題があります。賃金収入がなくなって生活に困ります。そこで，解雇に関しては，法令と判例によって，多くの厳しい制限が設けられています。判例とは，過去の訴訟事案について裁判所が出した判決例であり，法と同程度の規範力を備えるまでに至ったもののことです。

判例が示した基準では，その解雇が違法ではなく有効であるためには，次の①から④までの４つの要件をすべて満たしていなければなりません。

①　業務上の負傷・疾病による休業期間とその後30日間など法令で定めた一定の場合には，解雇は禁止されています。この解雇禁止事由に該当しない

解雇だけが有効です。

② 会社は，従業員に対して30日以上前に解雇する旨の予告をしなければなりません。もしそうでなくすぐに辞めてもらう場合は，これに代わる30日分の解雇予告手当（平均賃金）を支払わなければなりません（労働基準監督署長の「解雇予告除外認定」を受ければ別，労基法20条ただし書）。

③ 就業規則や労働契約，労働協約に解雇の事由や手続きについて規定があれば，会社はそれらを守らなければなりません。

就業規則は，会社が賃金，労働時間，退職事由などの従業員の労働条件や服務規律について定めたものです。常時10人以上の労働者を使用する事業場は，作成と労働基準監督署への届出が義務づけられています。

労働契約は，個々の従業員が会社と結んだ，働いて賃金をもらう約束のことです。いわゆる口約束でも成立します。

労働協約は，労働組合法にもとづき，会社と労働組合が結んだ契約です。

④ その従業員が会社に一方的に解雇されるからには，誰が考えてもやむを得ない理由がなければなりません。これを「解雇理由の合理性・相当性」といいます（判例）。

解雇には，①普通解雇，②①のうちの整理解雇，③懲戒解雇などいろいろな種類がありますが，いずれの解雇の場合にも，これらの共通４要件が必要です（図表５－２参照）。

⑵　整理解雇と懲戒解雇には追加要件が必要

整理解雇と懲戒解雇が有効と認められるためには，前述⑴の共通４要件のほかに，それぞれ追加要件が必要です。

整理解雇の追加要件については「第３節　整理解雇」のところで，また懲戒解雇の追加要件については，「第４節　懲戒処分と懲戒解雇」のところで詳しく説明します。

【図表５－２】解雇が有効と認められるための共通４要件

●普通解雇（整理解雇を含む）
●懲戒解雇
●採用内定者の内定取り消し
●試用期間中の者・終了者の本採用拒否
●期間雇用者・有期パートの契約中途の解約，契約更新を重ねた後の更新拒否（雇止め）

整理解雇は下記共通４要件のほかに図表５－３の２欄の追加要件を満たしていること。懲戒解雇は下記共通４要件のほかに図表５－３の３欄の懲戒処分のルールを守ること。

〔解雇有効の共通４要件〕
①　法律で定められている解雇禁止事由（図表５－４）に該当しないこと。
②　従業員に解雇予告を30日以上前にするか，これに代わる解雇予告手当（30日分の平均賃金）を支払うこと（労基法20・21条）。
③　就業規則や労働契約に規定する解雇事由，解雇手続きに従っていること。
④　解雇理由に合理性，相当性があること（労契法16条）。

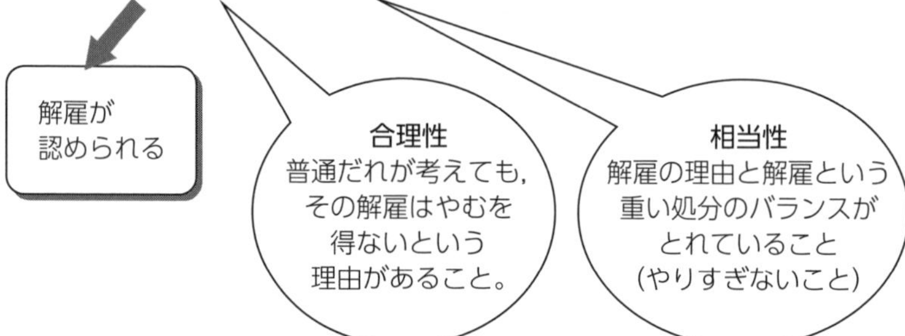

⑶　主に民事訴訟で争われる

その解雇が有効か否かについては，主に民事訴訟や労働審判で争われます。つまり，解雇された従業員が地方裁判所に訴訟を提起した場合です。

ただし，解雇予告手当（30日分の平均賃金）の支払義務違反については，労基法に定められているので，即時解雇された従業員が労基署にそのことを申告すると，労働基準監督官が該当企業に事実を確認したうえで是正指導を行い，さらには是正勧告書の交付を行います。

３．普通解雇，整理解雇，懲戒解雇の有効要件の違い

Ｑ３　普通解雇，整理解雇，懲戒解雇の有効要件にはどのような違いがあるのですか。

Ａ３　解雇の有効要件は，図表５－３のように，解雇の種類によって異なっています。

【図表５－３】解雇の有効要件の比較

1　普通解雇	2　1のうちの整理解雇	3　懲戒解雇
⑴　法定の解雇禁止事由に該当しないこと	⑴　同左	⑴　同左
⑵　30日以上前の解雇予告，または30日分の解雇予告手当（平均賃金）の支払い（労基法20条） 〔例外〕 ・労基署長の解雇予告除外認定 ・一定の臨時労働者（労基法21条）	⑵　同左	⑵　同左。
⑶　労働協約，就業規則，労働契約の根拠規定を守ること	⑶　同左	⑶・⑷　次の①～⑥のすべてを守ること ①　処分の合理性・相当性の原則（違反行為が悪質・重大なこと） ②　就業規則等の根拠規定とその厳守 ③　過去にさかのぼっての処分の禁止 ④　二重処分の禁止 ⑤　就業規則等の根拠規定どおりの手続き
⑷　解雇事由に合理性・相当性があること（労契法16条）	⑷　次の４要件が必要 ①　経営上の必要性 ②　整理解雇を避ける努力 ③　被解雇者の選定の妥当性 ④　労働組合の代表者または従業員と協議を尽くす	

		⑥　従業員本人に弁明（説明・言いわけ）の機会を与えること

2　解雇禁止事由

1．解雇有効の共通４要件（その１）―解雇禁止事由とは

Q１　各法律で，どのような事実や理由により従業員を解雇することが禁止されているのかについて教えてください。

A１　使用者が，図表５－４のいずれかの事実や理由で従業員を解雇することは，実質的にいっさい認められません。

事由（じゆう）というのは，解雇の根拠となっている事実や理由ということです。

例えば，その従業員の作業能率が著しく低いという理由で解雇したとしても，その本当の理由が外部の労働組合に個人加入したということであることがわかれば，その解雇は認められません。それが，図表５－４の③です。

【図表５－４】各法律で定められている解雇禁止事由

①　労働基準法で禁止
- ａ業務上の負傷・疾病による休業期間，その後の30日間
- ｂ産前産後の休業期間，その後の30日間
- ｃ事業場の労働関係法令違反を労基署等に申告
- ｄ労働者の国籍，信条，社会的身分
- ｅ事業場の過半数代表者，労働委員会の労働者委員になること，なろうとしたこと，正当な行為をしたこと等

②　男女雇用機会均等法で禁止
- ａ解雇についての男女の差別的取扱い
- ｂ婚姻・妊娠，産前産後休業等の請求・取得
- ｃ女性の婚姻・妊娠・出産を退職理由とする定め（労働協約，就業規則，労働契約等）
- ｄ妊娠中および出産後１年以内の女性の解雇は無効
- ｅ男女労働者の都道府県労働局長への紛争解決援助の申出，調停の申請

③　労働組合法で禁止
- ・労働組合の結成・加入，正当な活動

④　育児・介護休業法で禁止
・育児・介護休業，看護休暇，介護休暇等の申請・取得
⑤　公益通報者保護法で禁止
・公益通報（内部告発）

2．業務災害・産前産後休業中等の解雇禁止とは

Q２　会社は，業務災害による休業中や産前産後休業中の従業員を，いっさい解雇できないのですか。

A２　天災事変その他やむを得ない場合には例外が認められています。

⑴　業務災害による休業に係る解雇禁止とは

労働者が業務上負傷し，または疾病にかかり療養のために休業する期間およびその後30日間は，使用者は労働者を解雇してはなりません（労基法19条）。

ただし，①療養開始後３年を経過した日において傷病補償年金を受けている場合，またはその日以降同年金を受けることとなった場合は解雇できます。また，②天災事変その他やむを得ない事由のため，事業の継続が不可能になった場合に，労働基準監督署長の解雇予告除外認定を受ければ解雇できます。

「解雇してはならない」とは，㈑ここに定められた期間内に効力が生ずる解雇を禁止するとする説と，㈺その期間経過後に生ずる解雇の予告も禁止する説とがあります。

判例は㈑の説をとり，制限期間内に解雇予告を行うことは違反ではないとしています。

②の「天災事変その他やむを得ない事由」とは，天災事変，他者の火災による類焼など完全にその企業の外部に原因があり，その企業としてはいかんともしがたい事由をいいます。経営判断の誤りや不況は入りません。

⑵　産前産後休業に係る解雇禁止とは

労働基準法の規定による産前６週間・産後８週間の休業期間とその後30日間は，使用者は労働者を解雇できません（労基法19条）。使用者が労働者に産休を与えずに勤務させたとしても，休業請求のあった日から労働基準法に定められた休業期間とその後30日間は解雇が禁止されます。

前記⑴の天災事変等の取扱いについては，産前産後休業の場合も同様です。

３．業務災害による休業中等の解雇禁止とは

Ｑ３　先日，当社の従業員が作業現場で倒れた機材の下敷きによって骨折し，入院しました。その従業員は入院中ですが，経営状況の悪化もあり，今月末をもって解雇することを考えています。こうした取扱いは法律上認められるものでしょうか。

Ａ３　ご質問のような解雇は，原則として認められません。

労働基準法により，「業務災害による休業期間中とその後30日間」は，会社は従業員を解雇することを禁止されています（労基法19条）。

これらの期間中に解雇されたら，労働者は次の仕事を探す活動すらできないからです。

といっても，業務災害による休業については，①療養開始後３年を経過した日において傷病補償年金（傷病が重く，245日分以上の日額が支給される年金）を受けている場合，またはその日以降同年金を受けることとなった場合は，解雇されてもやむを得ません。

また，前記休業についても，②天災事変その他やむを得ない事由のため事業の継続が不可能になった場合には，会社が，あらかじめ，労働基準監督署長の解雇制限除外認定を受ければ解雇できます。企業としてはいかんともしがたいケースであるからです。

しかし，ここにはご質問の「経営状況の悪化」などは含まれません。なお，「前記の期間後は解雇する」旨の予告は，これらの期間中に会社が行ってもか

まいません。

4．解雇予告除外認定を受けていない産休中の解雇の効力

Q４　隣家からの類焼で，当社の事業場が焼失しました。
当社には，産前産後休業中の従業員がいますが，このままでは事業が継続できないため，解雇を言い渡しました。その際，あわてていたこともあり，労働基準監督署の認定を受けなかったのですが，解雇の効力に問題はないのでしょうか。

A４　解雇は有効ですが，労基法違反に該当します。労基署に報告して，その指示に従ってください。

本件の場合，解雇の対象従業員は，産前産後の休業中であるので，労働基準法の解雇制限事由に該当します（労基法19条）。

しかし，使用者に責任のない火災により事業の継続が不可能になったわけですから，労働基準監督署長の解雇制限除外認定を受ければ，有効に解雇することができます。

労働基準監督署長の解雇制限除外認定を受けないで解雇したことが有効か無効かが問題となります。本件の場合，認定事由に該当する事実がありますので，たとえ労働基準監督署長の認定を受けなくても解雇は有効です。

ただし，労基法19条２項に定める手続きを欠いているわけですから，労働基準法違反に伴う刑事上の責任は免れません。

５．退職・解雇等についての男女差別の禁止とは

Q５　男女雇用機会均等法により，退職・解雇等についての男女差別がどのように禁止されているのかを教えてください。

A５　男女雇用機会均等法により，男女差別は次の⑴・⑵のように禁止されています。

⑴　退職・解雇等についての男女差別の禁止は

事業主は，退職の勧奨，定年，解雇，労働契約の更新について，労働者の性別を理由として，差別的取扱いをしてはなりません（均等法６条４号）。

⑵　婚姻，妊娠，出産等を理由とする不利益取扱いの禁止とは

①　事業主は，女性労働者が婚姻し，妊娠し，または出産したことを退職理由として予定する定めを，就業規則，労働契約書その他により，行ってはなりません。

「婚姻」とは法律上の婚姻をいい，内縁関係は含まれません。「出産」は，労基法65条の「出産」と同じく，妊娠４カ月以上（１カ月は28日として計算します）の分娩とし，生児出産，死産も含まれます。「予定する定め」とは，女性労働者が婚姻，妊娠または出産した場合には退職することを労働協約，就業規則または労働契約にあらかじめ定めることをいいます。

本項に違反して定められた就業規則等は無効です。

②　事業主は，女性労働者が婚姻したことを理由として解雇してはなりません。

③　事業主は，その雇用する女性労働者が妊娠したこと，出産したこと，産前産後休業を請求・取得したこと，その他の妊娠，出産に関する事由を理由として，解雇その他不利益取扱いをしてはなりません。

④　妊娠中の女性労働者および出産後１年以内の女性労働者に対してなされた解雇は，無効とされます。ただし，事業主がその解雇が③の事由を理由

とする解雇でないことを証明したときは，この限りではありません（以上，均等法９条）。

⑶　男女雇用機会均等法違反事業主の取扱いは

厚生労働大臣は，前述⑴・⑵に違反した事業主に対して是正を勧告し，これに従わなかった場合には，その旨を公表することができます（均等法30条）。

法違反事業主に対する罰則規定は設けられていません。

６．結婚退職の効力

Ｑ６　当社では，結婚退職の慣行が続いています。人事課長である私は，社長の指示で，ある女性社員に対して，「結婚するなら，家庭に入るんだね。うちの会社は代々，結婚する女性は辞めることになっているから」と言いました。しかし，このような慣行は法律上認められるものでしょうか。

Ａ６　男女雇用機会均等法により，女性社員を，婚姻を理由として解雇することは禁止されています（同法９条２項）。

つまり，社員のほうから自発的に辞職するものでない限り，会社のほうから婚姻を理由にして辞めさせることはできません。

なお，解雇に関する男女差別禁止の内容は前記Ｑ５に記載したとおりです。もし，会社の就業規則や労働契約，労働慣行がこれらの内容に違反していたら，効力はなく，対象社員も他の管理職員もそれに従う必要はありません。

7．育児・介護休業等の取得による解雇・不利益取扱いの禁止とは

Q７　育児・介護休業等の取得による解雇・不利益取扱いの禁止について，その内容を教えてください。

A７　事業主は，労働者が育児休業または介護休業，子の看護休暇，介護休暇等の取得の申出をしたこと，または，これらの休業等を取得したことを理由として解雇その他の不利益取扱いをすることは禁止されています（育介法10条，16条，16条の４等）。

要件を満たした男女労働者から育児・介護休業，子の看護休暇，介護休暇等の取得の申出があった場合には，事業主はこれを拒むことはできません。

令和３年１月からは，１日の所定労働時間が４時間以下の男女の労働者についても，看護・介護休暇の時間単位取得が認められます。

しかし，事業主に，その労働者の休業等の期間について賃金支払の義務はありません。

3　解雇予告・解雇予告手当支払いの義務

1．解雇有効の共通４要件（その２）
―解雇予告または解雇予告手当の支払義務とは

Ｑ１　会社が従業員を解雇する場合に，解雇の予告をする，解雇予告手当を支払うなど，どんな方法があるかを教えてください。

Ａ１　解雇予告等については，図表５－５のＡ，Ｂ，Ｃの３つの方法があります（労基法20条・21条）。

【図表５－５】解雇予告等の有無・しかた

Ａ　解雇の予告（解雇日の30日以上前）

Ｂ　解雇予告手当（30日分の平均賃金）の支払い

Ｃ　即時解雇（解雇予告も解雇予告手当支払いも必要なし）
イ　事前に労基署長の「解雇予告除外認定」を受けた場合
①　天災事変その他により事業を継続できない場合
②　労働者の帰責事由による解雇の場合
ロ　一定の臨時的労働者を解雇する場合

会社が，30日前の解雇予告をしないで即時解雇をしたため，従業員が労基署に申告し，解雇予告手当の支払いを勧告されるなどのケースが多発していますので，注意を要します。

2．解雇予告とは

Ｑ２　解雇予告に付いて教えてください。

Ａ２　使用者は，労働者を解雇しようとする場合には，労働基準法により，少なくとも30日以上前に解雇の予告をするか，または，これにかえて30日分の解雇予告手当（平均賃金）を支払わなければなりません。

⑴　解雇予告とは

上記回答に加え，例えば，予告を15日前にした場合は，残り15日分の解雇予告手当（平均賃金）の支払いが必要です。解雇予告手当を支払った日数分だけ予告日数を短縮することができます。解雇予告は30日以上前であれば，何日前に行ってもかまいません（労基法20条）。

⑵　解雇予告手当の金額は

解雇予告手当は，平均賃金日額の必要日数分です。計算方法は図表５－６のとおりです。

【図表５－６】解雇予告手当（平均賃金）の計算方法（労基法12条）

【平均賃金】

原　　則：$\dfrac{\text{①事由発生日以前３カ月間に支払われた賃金総額}}{\text{その期間の総日数（総暦日数）}}$

最低保障：$\dfrac{\text{②事由発生日以前３カ月間に支払われた賃金総額}}{\text{その期間の実労働日数}} \times \dfrac{60}{100}$

(月給制等の場合は，①で計算します．また，日給制，時間給制，出来高制等の場合は，①か②のいずれか高い方になります)

３．解雇予告通知書の文例

Ｑ３　解雇予告通知書の文例を教えてください。

A３　図表５－７のとおりです。

解雇の予告は口頭で行っても有効です。

しかし，労使間の後日のトラブルを防ぐため，図表５－７の解雇予告通知書のように，解雇予告日，解雇日，解雇の事由，就業規則または労働契約書の根拠規定，および解雇予告手当の支払い（支払いが必要な場合のみ）について記載した文書の交付によって行うことをおすすめします。

【図表５－７】解雇予告通知書の文例

令和○○年○月○日

○○○○　殿

東京都○○区○○×－×－×
○○○○株式会社
代表取締役○○○○　㊞

解雇予告通知書

このたび，貴殿を下記の理由により，令和○○年○○月○○日をもって解雇しますので，その旨を予告します。

記

１　解雇理由

重大な身体の故障により，まったく業務に耐えられないと会社が判断したため。

２　根拠となる就業の規則の規定

正社員就業規則第○○条第○号

身体または精神の故障または健康上の理由により，業務に耐えられないとき。

３　解雇予告手当の支払い

なお，解雇予告期間に満たない○○日分については，別途，解雇予告手当として本日，貴殿の金融機関口座に振り込みました。

以上

4．解雇期日のはっきりしない解雇予告の効力

Q４　当社は，従業員30人の建設会社です。経営状況が悪化しており，元請会社から新たな仕事の発注がない場合は，従業員の手が余るので，今月末をもってやめてもらおうと考えています。発注があれば，引き続き雇いたいので，従業員には，今月10日までに仕事の発注がなければ解雇をすると言い渡しています。このような解雇予告は法律で認められるのでしょうか。

A４　認められません。

解雇されるか否かがはっきりしないと，従業員は次の仕事先も探しにくいですね。実は，会社側は従業員を解雇する場合には，いつ解雇するか明確にわかるように，解雇の日を特定しなければいけません。

「何月何日までに元請会社から発注がなかったら」とか「発注のないまま40日以上たったら」というような条件付きの予告は，解雇予告とはみなされません。また「工事終了時」といった予告も，実際の解雇の日が早くなったり遅くなったりするので，日を特定したことにはなりません。

ですから，解雇をするのであれば，条件付きではなく，解雇の日を明らかにして従業員に伝えてください。

5．解雇予告手当の支払期日

Q５　解雇予告手当は，いつ支払ったらよいのでしょうか。

A５　解雇予告手当は，使用者が従業員に対して解雇の申し渡しを行うと同時に支払わなければなりません。

対象従業員の不出頭，受領拒否等さまざまな事態が予想されますので，図表

5－8の通達にしたがって慎重に行ってください。

【図表5－8】解雇予告手当の支払いに関する通達

【解雇予告手当の支払方法】30日前に解雇予告をしない使用者が，労働者を即時解雇するときは，解雇の意思表示をするとともに，労働基準法第20条第1項の規定により予告に代えて30日分以上の平均賃金を支払わなければならないが，この平均賃金の支払とは，通常の賃金その他の債務が支払われる場合と同様に，現実に労働者が受け取り得る状態に置かれた場合をいう。

次のような場合には，平均賃金の支払がなされたと認められる。

(1) 郵送等の手段により労働者あてに発送を行い，この解雇予告手当が労働者の生活の本拠地に到達したとき。なお，この場合，直接労働者本人の受領すると否と，また労働者の存否には関係がない。

(2) 労働者に解雇予告手当を支払う旨通知した場合については，その支払日を指定し，その日に本人不参のときはその指定日，また支払日を指定しないで本人不参のときは労働者の通常出頭し得る日。

なお，解雇の申渡しをなすと同時に解雇予告手当を提供し当該労働者が解雇予告手当の受領を拒んだ場合には，これを法務局に供託できることはいうまでもない。

（昭63・3・14基発150号）

6．即時解雇できる3つの場合とは

Q6　解雇予告手当を支払わずに即時解雇できる場合があると聞きましたが，どのような場合でしょうか。

A6　図表5－9の3つの場合には，解雇予告手当を支払わずに，即時解雇することが認められています（労基法20条，21条）。

【図表５－９】即時解雇できる３つの場合

⑴　天災事変その他により事業の継続ができない場合
　地震による倒壊，思いもよらぬ火災等，天災事変，その他やむを得ない理由のために事業の継続が不可能となった場合で，事前に労働基準監督署長の認定を受けたとき

⑵　従業員に責任がある理由による解雇の場合
　犯罪行為，２週間以上の無断欠勤，出勤不良，採用条件の要素となる経歴を詐称していた等，従業員に責任がある理由に基づいて解雇する場合で，事前に労働基準監督署長の認定を受けたとき

⑶　臨時的に雇用する従業員を解雇する場合
当てはまるのは次の人々
　①　日々雇い入れられる者（１カ月を超えて引き続き使用された場合を除く）
　②　２カ月以内の期間を定めて使用される者（当初の労働契約期間を超えて継続雇用された場合を除く）
　③　季節的業務に４カ月以内の期間を定めて使用される者（当初の労働契約期間を超えて継続雇用された場合を除く）
　④　試用期間中の者（14日を超えて雇用された場合を除く）

７．解雇予告除外認定とは

Q７　従業員が，会社の中で窃盗，横領，傷害などを行った場合でも，30日以上前の予告を行わなければ解雇できないものでしょうか。また，地震で事業場が倒壊して事業を行えない場合はどうでしょうか。

Ａ７　事前に労基署の労基監督官に，「申請から認定までに何日間かかるかなどを詳しく聴いたうえで，認定申請するか否かを決めてください。その事案によっては，「30日以上前の解雇予告」を行ったほうが早いケースもあります。

⑴ 労働者の責に帰すべき事由の場合

「労働者の責に帰すべき事由」にもとづいて解雇する場合で，その事由について，事前に，労働基準監督署長の認定を受けた場合には，30日以上前の予告も，30日分の解雇予告手当（平均賃金）の支払いも必要ありません（労基法20条1項ただし書）。

「労働者の責に帰すべき事由」とは，解雇予告制度により労働者を保護するに値しないほどの重大または悪質な義務違反ないし背信行為が労働者にある場合をいいます。

労働基準監督署長の認定できる事例をあげると，図表5－10のとおりです。

労働基準監督署長の解雇予告除外認定事由は，各事業場が就業規則で定める懲戒解雇事由とは，共通する部分が多いと思われますが，必ずしも一致するものではありません。

普通解雇であっても「労働者の責に帰すべき事由」に該当するものであれば解雇予告をせず，解雇予告手当を支払わずに即時解雇できます。

⑵ 天災事変等の場合

天災事変その他やむを得ない事由のために事業の継続が不可能となった場合で，その事由について労働基準監督署長の認定を受けた場合は，30日以上前の解雇予告も解雇予告手当の支払いも必要ありません。

具体的な範囲は，Q6の図表5－9の⑴のとおりです。

【図表5－10】即時解雇できるケースの例

⑴ 事業場内における盗取，横領，傷害等刑法犯に該当する行為があった場合
⑵ 事業場外で行われた上記⑴の行為であっても，著しく事業場の名誉，信用を失墜させるもの，取引関係に悪影響を与えるもの，または労使間の信頼関係を失わせるものである場合
⑶ 賭博，風紀びん乱等により職場規律を乱し，他の社員に悪影響を及ぼす場合
⑷ 上記⑶の行為が会社の外で行われた場合であっても，著しく会社の名誉，信用を失墜させるもの，取引関係に悪影響を与えるもの，または労使間の信頼関係を失わせるものである場合
⑸ 雇入れの際の採用条件の要素となるような経歴を詐称した場合

(6)　雇入れの際，使用者の行う調査に対し，不採用の原因となるような経歴を詐称した場合
(7)　他の事業に転職した場合
(8)　原則として２週間以上正当な理由なく無断欠勤し，出勤の督促に応じない場合
(9)　出勤不良または出欠常ならず，数回にわたって注意を受けても改めない場合

８．解雇予告除外事由のない即時解雇の効力

Q８　ある小企業の課長である私は，ワンマン社長の命令を拒否することができず，その従業員に重大な服務規律違反がないにもかかわらず，小さな仕事上のミスを理由に解雇予告手当の支払いもなしに即時解雇しました。このようなことは，法律上，認められるのでしょうか。
また，即時解雇は無効となるのでしょうか。

Ａ８　その従業員に解雇予告手続きの除外事由がないのに，解雇予告手当も支払わずに即時解雇した場合には，使用者は罰則が適用されます（労基法20条，119条）。

その解雇の効力については，最高裁は「使用者が労働基準法第20条所定の予告期間を置かず，または予告手当の支払いをしないで労働者に解雇の通知をした場合，その通知は即時解雇としては効力を生じないが，使用者が即時解雇を固執する趣旨でない限り，通知後，同条所定の30日の期間を経過するか，または通知の後に同条所定の予告手当の支払いをしたときは，そのいずれかのときから解雇の効力を生ずるものと解すべきである」と判断しています（細谷服装事件・最高裁判決　昭35・３・11）。

さらに，本件の場合，その従業員の非違行為が軽い懲戒処分の理由になるとしても，懲戒解雇するほどの非違行為か否かも問題になります。

9．臨時的労働者の即時解雇

Q9　当社では，季節的に繁忙期があるため，忙しい時期だけパートタイマーを雇っています。

例えば，1，2カ月といった短かい期間使用する労働者にも，解雇予告はしなければならないものでしょうか。

A9　ご質問の1カ月間または2カ月間の契約で使用する労働者については，当初の契約の範囲内で使用するのであれば，解雇予告は不要です。

しかしながら，事実上，当初の契約期間を超えて引き続き雇用された場合には，解雇予告が必要になります。

次の①から④までのいずれかに該当する臨時的労働者については，労働基準法の解雇予告の制度は適用除外されます（労基法21条）。

① 日々雇い入れられる者（1カ月を超えて引き続き雇用された場合を除く）

② 2カ月以内の期間を定めて雇用される者（当初の契約期間を超えて引き続き雇用された場合を除く）

③ 季節的業務に4カ月以内の期間を定めて雇用される者（4カ月を超えて引き続き雇用された場合を除く）

④ 試用期間中の者（14日を超えて引き続き雇用された場合を除く）

したがって，これらの者を解雇する場合に30日以上前に予告することも，それに代わる解雇予告手当を支払うことも必要ありません。

しかしながら，これらの解雇予告義務を免れるため，契約の形式のみをこのような形にして濫用する恐れもあるので，これを防止するため，上記①～④の各号の（　）書きの場合（例えば，日々雇い入れられる労働者であっても1カ月を超えて引き続き雇用されるに至った場合）は，原則どおり解雇予告が必要です。

4　就業規則等の根拠規定を守る

1．解雇有効の共通４要件（その３）
—就業規則等の解雇の事由・手続きについての根拠規定を守るとは

Q１　「その解雇が就業規則等に定める解雇の事由・手続きに従っている」とは，どのようなことですか。

A１　従業員の解雇が有効であると認められるためには，使用者は，あらかじめ，就業規則，労働協約または労働契約書に解雇の事由・手続きをきちんと定め，従業員に周知し，それらの根拠規定を守ることが必要です。

従業員10人以上の事業場では，解雇の事由・手続きを就業規則に定めることが義務づけられています（労基法89条１項３号）。

また，その会社が，労働組合と結んだ労働協約に解雇について定めてある場合には，これを守らなければなりません。

ただし，その会社がこれらの根拠規定を守っていても，その解雇に合理的な理由，相当性がない場合には，次の「その４」（147頁）のとおり，その解雇は無効となります。

2．就業規則等の根拠規定を定めていない会社の解雇の効力

Q２　当社では，従業員が数人ということもあり，就業規則も労働契約書も作成していません。

しかし，従業員が100万円の会社資金を盗んだ場合は，当然懲戒解雇できると思いますがどうでしょうか。

A２　就業規則や労働契約書を作成せず，解雇の要件，手続きについての根拠規定がなくても，ご質問のケースの場合には，客観的にみて，合理的な理由，相当性があると見られるので有効に解雇することはできると思われます。

常時使用する労働者が10人に満たない事業場では，就業規則を作成し，労基署に届け出る法律上の義務はありません（労基法89条１項)。また，労働契約書を作成せず，口頭の約束であっても，労働契約は有効に成立します。

しかし，今後，自社の服務規律・企業秩序の違反者を適正に処分し，労使間のトラブルを避けるために，労働契約書（兼労働条件通知書）を作成し，その中に主要労働条件のほか，解雇・退職や懲戒処分等に関する基本的な事項についても根拠規定を設けておいたほうがよいでしょう。

5　解雇理由に合理性・相当性があること

1．解雇有効の共通４要件（その４）―解雇理由に合理性・相当性があるとは

Ｑ１　どのような場合に，「その解雇に合理性・相当性があり，有効である」といえるのかを教えてください。

Ａ１　例えば，図表５－11のとおりです。その解雇の理由に十分に納得ができ，解雇という最も重い取扱いとその根拠となる理由のバランスが取れているということです。

⑴　解雇権濫用の法理

従来から，判例により解雇権濫用の法理が確立されており，合理的な理由のない解雇，相当性を欠く解雇は無効となります。権利の濫用とは，与えられた権利を，目的をはずれて用いることをいいます。

⑵　労契法の規定による明確化

労契法により，新たに「解雇は，客観的に合理的理由を欠き，社会通念上相当であると認められない場合は，その権利を濫用したものとして，無効とする」（同法16条）と明記されています。

⑶　解雇理由に合理性，相当性があることとは

「解雇理由に合理性がある」とは，誰が考えてもその解雇はやむを得ないという理由があることです。

具体的には，図表５－11のような理由です。

「解雇理由に相当性がある」とは，解雇という重い処分をされるには，それに応じた重大な事実，理由がなければならないということです。

例えば，数回の遅刻で普通解雇されるといった場合には，解雇理由に相当性

がなく，行為と処分がバランスを欠いていることになります。

【図表５－11】合理性・相当性のある解雇理由例

⑴　従業員が労働契約で約束したようにまったく働けないこと，または著しく能力，適格性を欠くこと

①　本人が，重度の私傷病により，医師の診断にもとづき職場への復帰ができないと判断されるとき（私傷病休職制度が設けられていない場合）

②　勤務成績，勤務態度等が著しく不良で，度重なる研修，指導にもかかわらず，まったく就業に適さないとき

③　技能・能率等が著しく劣り，度重なる研修，指導にもかかわらず，まったく就業に適さないとき

④　協調性をまったく欠き，度重なる研修，指導にもかかわらず，職場の労働災害発生，不安全状態，混乱等をたびたび生じさせたとき

⑤　その他，就業規則の服務規律・企業秩序に関する規定に重大かつ悪質な違反を繰り返し，度重なる研修，指導にもかかわらず，改善が見られないとき

⑥　重要な経歴の詐称により，会社と労働者の信頼関係が失われたとき

⑵　経営不振による人員整理，合理化等経営上の必要があること（普通解雇のうちの整理解雇の理由）

⑶　重大・悪質な服務規律・企業秩序違反の行為があったこと（懲戒解雇・普通解雇の理由）

⑷　企業の対応のしかた

判例で認められている解雇のハードルは前述⑴～⑶のように非常に高いものです。企業として訴訟リスクを避けるためには，できるだけ解雇を避け，当従業員からの辞職，労使合意の退職等となるように最大限の努力を重ねることが必要です。

6　試用期間中・終了時の本採用拒否（解雇）

1．試用期間とはどのようなものか

Q１　最近，社員を雇ってもすぐに辞めてしまったり，勤務が長く続いても仕事に対する責任感が無かったり，勤務が散漫であったりします。採用にあたり「試用期間」というものがあると聞きました。当社でも，ぜひ導入したいと思いますので，その内容を詳しく教えて下さい。

A１　試用期間とは，正社員として本格的に雇用する前に，短期間，試みに雇用する期間のことです。詳しくは以下のとおりです。

⑴　試用期間を設ける目的は

労働基準法では，試用期間（試みの使用期間）を設けることが認められています（12条３項５号）。試用期間とは，社員を採用するにあたって，はじめから正式な採用とせずに，３カ月とか６カ月とかの期間を限定して，「試みに使用する」ことを定め，その期間中に「当社社員として適格であるか否かを判定」するための「試験的な勤務期間」のことです。

試用期間を設ける場合には，就業規則，または労働契約書にその名称と期間について明確な規定を設ける必要があります。

⑵　試用期間中の者の身分は

試用期間中の者の身分について，最高裁判決では，使用者に労働契約の解約権は留保されていますが，すでに身分は社員であるとしています。

したがって，試用期間中または終了後にこの者の本採用を拒否することは解雇にあたるので，①解雇の正当理由と，②30日以上前の解雇予告（または解雇予告手当の支払い）が必要です。

ただし，試用後14日以内の場合は，これらの解雇予告手続きは不要です（労基法21条４号）。

⑶　試用期間の長さは

試用期間の長さの限度については，労働基準法等に規定はありません。しかし，この期間中は社員としての地位は不安定ですから，あまりにも長い期間とすることは労働者に不当な不利益を強いることになりますので，その規定や契約行為が公序良俗（民法）違反として無効になることもあります。

各事業場の就業規則に定められている試用期間は，ほとんどが１カ月ないし６カ月で，中でも３カ月が最も多いといわれています。

⑷　試用社員を本採用拒否できる理由は

試用期間中は適格性の勘案期間です。このため試用期間中，および試用期間終了後の社員を本採用拒否（解雇）できる正当事由の範囲は，本採用後の社員の解雇理由の合理性・相当性よりも広く認められます。

具体的には，出退勤状況の不良，勤務成績不良，能力・性格の業務不適格性，上司の指示・命令に従わない，健康状態不良，協調性がない，重大な経歴詐称をした，犯罪行為を行ったなどがあげられます。ただし，これらの場合であっても，次のＱ２で説明するように無制限ではありません。

⑸　試用期間の延長はできるか

試用期間中は雇用継続の見通しが不透明ですから，試用期間を延長する必要がある場合は，本人にその理由，延長期間，最終判断基準を説明して，双方納得のうえで行うことが必要でしょう。

もしも，会社側の判断のみで行うのであれば，就業規則に前記のことが明確に規定されていることが必要です。

それに加えて，例えば，現時点ではその者は不適格であるが，本人の反省によっては本採用にする余地があるなど，試用期間を延長することについて合理性があるケースに限定されると思われます。

2．使用者の試用社員に対する本採用拒否（解雇）が認められる事由

Ｑ２　現在，正社員の採用については，当初３カ月間の試用期間を設けています。試用期間中の社員の遅刻が多い，接客態度が悪い，指導しても改まらないということで困っています。

どのような事実，理由があれば試用社員に対する本採用拒否（解雇）が認められるでしょうか。

Ａ２　試用社員に対する本採用拒否（解雇）は厳しく制限されています。

「試用期間」という言葉から，試用社員（試用期間中，および試用期間終了後に本採用される前の社員）に対する本採用拒否は容易に認められるかのように誤解されがちです。

しかし，試用社員の法的な身分はすでに社員であり，本採用拒否（留意解約権の行使）は解雇の一形態ですから，容易に認められるわけではありません。

留意解約権の行使は，解約権が留保された趣旨・目的に照らして，客観的に合理的な理由があり，社会通念上相当であると是認され得る場合にのみ認められます。

具体的には，次のことが判断のポイントになります。

①　それまでの採用選考や内定の段階で通常知ることができる事実は，原則として，本採用拒否の理由として認められません。

②　本採用拒否の理由の内容は，１）事実に合致したものでなければならず，２）引き続き雇用を継続することに大きな支障になることでなければ認められません。

上述①のことから，これまでわからなかった雇用を継続しがたい重大な経歴詐称が判明した場合には，本採用拒否は認められます。

また，試用期間は適格性の判断期間であると同時に，新入社員の教育・研修期間の意味もあるため，無断欠勤，遅刻の常習，怠慢，上司に対する暴言，協調性の欠如などの問題がある場合には，その程度にもよりますが，注意指導を行って改善の機会を与え，それにもかかわらず問題行動を反復継続し，改善が

みられない場合にのみ，その試用社員ははじめて本採用拒否の検討対象になります。

3．試用期間に関する就業規則の規定例

Ｑ３　試用期間に関する就業規則の規定例を教えてください。

Ａ３　試用期間に関する就業規則の規定例は，図表５－12のとおりです。

【図表５－12】試用期間に関する就業規則の規定例

（試用期間）
第○条　会社は，新たに採用した社員に対して，３カ月間の試用期間を設ける。ただし，会社が試用期間を置く必要がないと判断した場合は，ただちに本採用とすることがある。
２　社員としての適格性があると判断した場合は，試用期間終了後に本採用とし，適格性がないと判断した場合は試用期間中又は試用期間終了時に解雇する。
３　試用期間14日を超えた後に解雇する場合は，労働基準法第20条に定められた解雇予告等の手続きによるものとする。
４　試用期間中に社員としての適格性を判断できなかったときは，会社の判断により，２カ月を限度として試用期間を延長することができる。
５　試用期間中の賃金は，給与規程の定めによるものとする。
６　試用期間中の社員については，休職制度は適用しない。
７　試用社員が本採用された場合には，試用社員として実際に勤務した日から勤務したものとして勤続年数に通算する。

４．試用期間のほかに「試験的な勤務期間」を設ける方法

Ｑ４　試用期間のほかに「試験的な勤務期間」を設ける方法はありますか。

Ａ４　次の(1)〜(3)の方法があります。

就職希望者を，一定期間自社で実際に働かせてみて本人の適性，能力等を確認する方法としては，次の３つが考えられます。

(1)　当初，短期の労働契約で雇い入れる方法

これは，最初は，例えば１カ月ないし６カ月間の労働契約で雇い入れ，就労させるものです。この間に問題点が見つかり雇用期間が終了したら，再契約はしません。特に問題がなかったら，正社員として無期の労働契約を結びます。

この場合には，トラブルを防ぐために当初の短期契約の中に次のことを明確に規定しておくことが必要です。

①　当初の短期労働契約は試用期間ではない。したがって，短期契約期間が終了すれば，会社と当人の雇用関係は終了する。

②　その後，正社員として無期労働契約を結ぶ場合は，①の結果も加味して採用選考を行う。

(2)　紹介予定派遣社員として受け入れる方法

これは，自社への就職希望者を，当初６カ月以内の派遣社員として受け入れ，問題がなかったら直接従業員として雇用する方法です。

(3)　実習生，研修生として受け入れる方法

これは，自社の就職希望者を，当初は実習生，研修生として受け入れる方法です。

契約の形態は労働契約ではなく，実習契約，研修契約とします。

賃金は支払わず，社会・労働保険には加入しません。若干の交通費，研修手

当を支払うか否かは，受入会社の自由です。ケガに備えて，本人が民間の傷害保険に加入します。

7　解雇と年休取得

1．解雇予定日までの年次有給休暇の取得

Q１　解雇予定の従業員から，解雇予定日までの間，残っている年次有給休暇を取得したいとの申出がありました。認めなければいけないのでしょうか。また，消化しきれない年休を会社側で買い上げることは可能なのでしょうか。

A１　解雇予定日までに年休を与えなければなりません。

⑴　解雇予定日までの年休の取得は可

労働基準法により，使用者は，解雇予告を解雇予定日の30日以上前に行わなければなりません。

解雇予告をされた労働者も，解雇される日までは会社との労働関係が継続しているわけですから，使用者はその労働者の有する休暇日数の範囲内で年次有給休暇を与えなければなりません。

その年休の請求が「事業の正常な運営を妨げる」場合に，時季変更権が行使できるかという問題が残りますが，この場合には他の変更すべき時季がなく，時季の変更は労働者の年休をとる権利を奪うことになるので許されません。

「退職願い」を提出した後，予定退職日までの勤務日の間に年休の残日数をまとめてとりたいと請求した場合も同様です。

なお，年休請求の権利は会社と当人の雇用関係の存在を前提としているので，労働者が年休の全部を行使する前に退職し，あるいは解雇された場合，または事業が廃止された場合には，その効力が発生するまでの間に（解雇予告期間中も含む）行使しない限り残り，年休日数についての請求権は当然消滅します。

⑵　年休の買い上げは不可

年休の残日数を会社に買い上げてもらうことは違法であり，認められません。

第２節　普通解雇

広義の普通解雇とは，次の①～③のいずれかの場合に，会社（使用者）が従業員を解雇するものです。

①　その労働者が会社と労働契約で約束した労務の提供（会社の指示にもとづいて働くこと）がまったくできない場合（例えば，重大な病気，ケガ，能力不足，適格性欠如など（狭義の普通解雇の理由）

②　使用者の経営上の都合（普通解雇のうちの整理解雇の理由）

③　その労働者に重大，かつ，悪質な服務規律または企業秩序の違反行為があった場合（懲戒解雇・普通解雇の理由）

③の場合は，懲戒解雇事由に該当しますが，労使間のトラブルをさけるために，普通解雇とする場合も多々あります。

第２節では，広義の普通解雇のうち，上記①の労働契約で約束した労務提供の不履行等による解雇（狭義の普通解雇）について，どのような場合に認められ，どのような場合に認められないかを具体的な事例にもとづいて説明します。

なお，上記②については「第３節　整理解雇」で，また，③については「第４節　懲戒処分と懲戒解雇」で説明します。

１．普通解雇に必要な合理性・相当性のある理由とは

Ｑ１　従業員がどのような場合に，普通解雇を行う合理性・相当性のある理由があると認められるのでしょうか。

Ａ１　これまでの判例により，「①労働者が労働契約どおりに働けない場合，あるいは，②著しく自社の従業員として適格性を欠いている場合」に普通解雇が認められています。具体的には，図表５－13のいずれかに該当する場合です。

【図表５－13】普通解雇が認められる合理性・相当性のある理由の例

①　その労働者が，重度の私傷病により，医師の診断により職場復帰が不可能と認められるとき（私傷病休職制度が設けられていない場合） ②　その労働者の勤務成績，勤務態度が著しく不良で，度重なる研修，指導にもかかわらず，まったく就業に適しないとき ③　その労働者の能力・特性が著しく劣り，度重なる研修，指導にもかかわらず，まったく就業に適しないとき ④　その労働者が著しく協調性を欠き，労働災害，職場内の混乱・不安定な状態を生じさせたとき ⑤　重要な経歴の詐称により会社とその労働者との間の信頼関係が失われたとき

２．私傷病による普通解雇の効力

Ｑ２　当社の従業員が，先日，交通事故で全治６カ月間の重傷を負い，少なくとも半年間は出社できなくなりました。勤務中の事故（労働災害）ではないのですが，法律上当然に解雇することはできるものでしょうか。

Ａ２　私傷病による長期欠勤の場合に解雇が認められるか否かは，次のような事情により，非常に微妙になってきます。

①　雇用形態が，正社員か契約社員か

②　就業規則に私傷病休職の規定が設けられているか否か

③　６カ月で完治するのか，それとも再起不能か

①の点について，契約社員（例えば契約期間１年間）であれば，この後の就労（労働契約にもとづく労務の提供）の見通しが立たないということで，解雇してもやむを得ないと思われます。

一方，正社員であって，②の点について，就業規則に休職規定が設けられていて，対象従業員がこの休職規定の要件に該当すれば，当面は私傷病休職の取扱いになります。

この休職期間中に傷が治ゆし就労可能となれば，復職となります。傷が回復せずに休職期間終了となれば，解雇または自動退職になります。

正社員で，就業規則に私傷病休職規定がない場合は，次のように考えられます。

ア　例えば社員10人以下といった小さな会社で，余剰人員を雇い続ける余裕がない場合は，解雇されてもやむを得ないと思われます。

イ　アの場合を除き，医師の診断書により，６カ月後完治し，同一職種に復帰できることが明らかであれば，使用者には信義誠実の原則により解雇を猶予する配慮が求められるでしょう。

ウ　再起不能であれば，解雇もやむを得ないと思われます。

６カ月後に他の軽作業に復帰できるという場合については，判例は，使用者は復職させる義務があるとするものと，そこまでの義務はないとするものに分かれています。

３．欠勤・遅刻を理由とする普通解雇の効力

Ｑ３　欠勤や遅刻を繰り返す社員がいます。当社としてはこれを理由に解雇を考えていますが，注意，警告もなしに，すぐに解雇することはできるものでしょうか。

Ａ３　使用者の厳しい注意，警告等の措置が，普通解雇の前提として不可欠です。

社員は，使用者に雇用されることにより，労働契約に従い始業時刻から終業時刻まで働く（労務を提供する）ことを約束しています。

時刻どおり出社するということは，社員の基本的な義務です。欠勤は労働契約にもとづく債務の不履行（労務の不提供）であり，遅刻は短時間でも契約違反です。

欠勤や遅刻が多く，社員として労働契約を継続しがたいときには，普通解雇は有効です。

ただし，これらの行為を放置しておいて，いきなり解雇するのではなく，管

理者が事前に，勤怠不良の問題社員に対して，勤務態度を改めるよう口頭および文書をもって再三注意し，厳しく対処していることが前提となります。

そして，注意を受けても遅刻，欠勤が直らなければ，まず譴責や減給といった軽い懲戒処分を行います。

それでも勤務態度が改まらないときは，解雇することになります。

欠勤，遅刻を理由に社員が解雇されて訴訟となり，会社側の主張が正しいと判断された事例を２つ掲載しておきますので，参考にして下さい。

事例１　**●東新トレーラーエキスプレス事件（東京地判平４・８・25）**

その社員は，平成２年１月には４日間，２月19日から３月９日までの間は連続して，４月には５日間，５月には５日間，いずれも事前に個人的事情によるとのみ告げて欠勤した。

本判決では，その社員は他の運転手よりも著しく欠勤が多く，しかも具体的理由を明らかにしない個人的事情によるもので，会社から文書をもってその改善を求められたにもかかわらず，その後も同様に欠勤を重ねたのであるから，その社員は就業規則第29条第３号所定の「従業員の終業状況が著しく不良で就業に適さないと認められる場合」および第４号所定の「その他，会社都合によりやむを得ない事由がある場合」に当たるものということができ，他に本件解雇を違法無効とすべき特段の事情は認められない，としている。

事例２　**●三協工業事件（東京地判昭43・８・10）**

当該社員は遅刻が著しく多かった（入社以来の遅刻回数，遅刻時間合計は，昭和37年３月17日から同年11月15日までの間に48回，701分…昭和40年10月１日から昭和41年１月10日の間に22回，903分）。

そのうえ職務怠慢であって上司の注意に対しても反省の色がないことは，懲戒処分として諭旨解雇の事由である「勤務成績著しく不良にして改悛の見込みがないとき」の条項に該当し，本件解雇は有効である，としている。

4．売上目標未達成を理由とする普通解雇の効力

Q４　当社には，勤続10年の正社員がいます。彼は新規大卒で当社に採用され，営業課に配置替えになって３年になりますが，前年の個人別売上目標を３割下回っているので，解雇を考えています。こうした解雇は法的に有効でしょうか。

A４　ご質問のケースについては，新規学卒者の一括採用で雇用されたものであり，営業部門での一定の売上目標の達成が労働契約の内容となっていないと思われること，１年間の売上目標額を３割下回ったことのみをもって「勤務成績が著しく不良で，就業に適しないとは断定できない」ことから，他に著しい勤務態度不良などがなければ，解雇は無効であると思われます。

⑴　判例の判断基準は

判例では，普通解雇の合理的理由の１つとして「勤務成績，勤務態度が著しく不良で就業に適しないとき」には，その解雇はやむを得ないと認められています。

個々具体的なケースで，能力不足を理由としてその社員を普通解雇できるか否かは，能力不足が労働契約の債務不履行といえるほどのものか否か，今後，契約を継続できないほど著しく，解雇（労働契約の解約）事由に該当するか否かということで判断されます。

⑵　新規学卒者の普通解雇は

それでは，企業が新規学卒者を一括採用する際の労働契約の記載はどうなっているかというと，「当社に採用する」ということだけであって，具体的な配置部署，担当業務，必要とされる職務遂行能力などは契約内容となっていないことがほとんどです。

このため，一般的にいって，新規学卒で一括採用された一般職，総合職の社

員を，単に能力不足であるとして解雇することは困難です。

ただし，著しい能力不足で会社の業務にまったく適しない特別の事情がある場合は，例外的に普通解雇が認められます。

この場合，目標の未達成の原因が単なる能力不足ということだけではなく，業務に対する取組みの熱意，意欲が著しく不足していたり，勤務態度が不良であることによるもので，上司がたびたび注意しても改まらないといった事情も必要です。

次の裁判例は，上記の例外要件に該当し，普通解雇が有効であると認められたケースです。

事例　●ゼネラル事務機事件（東京地決昭49・7・2）

セールスマンの販売成績が著しく劣悪（最低でも責任額の32パーセントなのに同人は同一期について4.9パーセントにすぎない）で，販売活動の面においても活動予定表記載の予定訪問先がしばしば異なっており販売活動に計画性がなく，上司がしばしば注意を与えたが改善の跡がみられなかったケースについて就業規則の「業務能力が著しく劣り，その向上の見込みなし」に該当し普通解雇は有効とされている。

5．地位特定者の成績不良を理由とする普通解雇の効力

Q５　当社は，規模100人程度の企業ですが，これからの成長戦略を見据えて，大企業の営業課長の経歴を持つＡさんを，営業部長としてスカウトしました。採用条件は，年間売上げ10億円，年俸１千万円です。ところが，Ａさんの１年目の年間売上げが６億円だったため，１年で解雇を言い渡しました。

Ａさんは，年棒700万円の営業部の次長として，あと１年働くチャンスを与えてほしいと主張しているのですが，解雇をすることはできるものでしょうか。

A５　本件の場合，労働契約の内容は明らかであり，それを実現できなければ，当人は営業部長としての労働契約にもとづく債務（年間売上）を履行することができなかったということになります。能力不足を理由として普通解雇することは認められます。会社としては，降格，減俸をして雇用を継続する法的義務もありません。

本件の場合，前述のＱ４の新規学卒者の一括採用の場合とは異なり，本人のキャリア，能力を買われて採用されたものであり，労働契約の内容，すなわち就任のポスト，業務目標，報酬額が明らかです。

このように，大企業で経営者，管理者などを務め，そのキャリア，実績を買われて，他社の営業，人事，企画開発の部課長など地位を特定して採用された人たちは「地位特定者」と呼ばれています。

6．協調性の欠如を理由とする普通解雇の効力

Q6　当社は，従業員数300人ほどの会社ですが，セールス部門の社員の中に次のような協調性のない者がいて困っています。

① 朝礼に参加しない。
② 職場の親睦会の行事に参加しない。
③ 上司が指示しても，返事をせず，直ちには動かない。
④ 所定勤務時間が終わると，他の社員が残っていても他者に告げず先に帰る。
⑤ 客との約束を守らず，時々トラブルを起こす。

こうした点を理由に，「協調性がない」として解雇することは，法律上認められるものでしょうか。

Ａ６　質問の事案について見ると，本人に問題点はあるにしても，普通解雇の理由となる「協調性の欠如」に該当する事実があったとは思われません。

ましして，これまでのところ，会社側として指導，配転といったできる限りの措置を取っているとは思われません。

したがって，解雇は認められないと思われます。まず，是正指導などの措置を先に取るべきでしょう。

判例で普通解雇が認められる合理的理由の１つとして「協調性を著しく欠くとき」があげられます。

もちろん，会社は社員が協力連携し，組織として仕事を処理していくところですので，協調性は大切です。

「協調性の欠如」を理由とする解雇の有効・無効を争う裁判例を見ると，そのほとんどは，「協調性の欠如」が非常に漠然としたものであるため，そのこと自体を争うよりも，業務命令違反，勤務態度不良，会社の業務遂行の支障・混乱といった具体的な事実の有無，程度が争われ，それらの総合評価として「協調性の欠如」が問題になっています。

また，上記の点について相当程度該当事実があったとしても，解雇が認められるためには，その前提として，会社側が本人に対して十分な注意，指導を行い，できれば配置転換を行うなど本人に改善の機会を与えることが必要です。

さらに，「協調性の欠如」にもとづく解雇の有効・無効を，訴訟で争うためには，本人についての具体的な問題事実と職場の支障・混乱の内容，会社として取った措置などを客観的に記録しておくことが欠かせません。

7．学生側の原因による採用内定取消しの効力

Q7　当社は，先月，求人募集，採用選考を行い，新規大卒者のＡさんを採用内定と決め，本人に文書通知しました。ところが，内定通知の後，Ａさんは，自分の運転する自動車で事故を起こし，歩行者に大けがを負わせたという話が耳に入ってきました。人事部としては，Ａさんの採用内定を取り消したいと考えていますが，法的に認められるものでしょうか。

A7　私的なことといえども，明らかに刑法犯罪を犯した場合などは，採用内定の取消しがなされても，法的に認められると思われます。

⑴　採用内定とは何か

企業は，優秀な学生を早く確保したいので，採用内定通知を出します。通知を受け取った学生は，このケースと同じように，他社への就職活動をストップします。

ところが，例えば12月初めに採用内定した場合，内定の後に学校を卒業して実際に入社するまで４カ月以上の期間があります。このため，もしも入社直前になって，何らかの理由で採用内定を取り消されると，その学生は新しい就職先を確保することもできなくなります。

そこで，法的に問題となってくるのは，①採用内定は労働契約成立と認められるか，②契約が成立しているならば，どのような理由がある場合にそれを取り消すことが認められるかです。

採用内定の法的性格について，最高裁は，「採用内定（決定）通知」の発信が，使用者による「労働契約の承諾」であって，これによって労働者と使用者の間に「解約権を留保した試用労働契約」あるいは「見習社員契約」が成立するとみています。

そうすると，まだ勤務していなくても会社と内定者との間に雇用関係は成立していますので，これを取り消すことは解雇になってしまいます。したがって，

内定者を不適格とする合理的な事由がないと「解雇権の濫用」となり無効となります。

⑵　採用内定の取消しが認められる場合

最高裁判所の判例によれば，会社側が学生側の事由を理由に内定取消しができるかどうかは，客観的に合理的で，社会通念上相当として認められる解約事由があったか否かで決まるとしています。そして，各裁判例における具体的判断は，おおむね会社側の行った内定取消しに厳しい態度をとっています。

例えば，採用内定通知書ないし誓約書の中に「提出書類に虚偽記人があったときは内定を取り消す」と記載されていた場合についても，その文言どおりに取消しはできません。取消しができるためには，虚偽記入の内容・程度が重大なもので，それによって社員としての不適格性あるいは不信義性が判明したことを要するとしています。例えば，剣道とはほとんど関係のない会社への履歴書の特技欄に，剣道二段なのに剣道四段と書いてあっても内定取消しはできないでしょう。逆に，コンピュータ関連の会社に出した履歴書に，大学の化学学科卒業なのに電子工学科卒業と書いた場合は取り消しが認められる可能性があります。

また，懲罰欄に何も書かれておらず，企業側が後でその学生の懲罰を知ったときは取り消されることがあります。例えば，高校での学費不払運動に際しての暴力行為，反戦青年委員会の街頭行動で逮捕されたケースのように，企業秩序維持の観点から企業が重大視する暴力行為等である場合には，取消しを認める傾向にあります。

このほか，一般的に採用内定の取消事由として考えられるのは，①学校を卒業できなかった場合，②心身の病気その他の理由により勤務できないことが明らかな場合，③雇入れにさしつかえる犯罪行為があった場合などがあげられます。

第3節　整理解雇

整理解雇とは，企業の経営状況が悪化したときに，社員の一部を人員整理するために行う解雇です。

第３節では，整理解雇の有効要件（会社の行う整理解雇はどのような要件を満たしていれば有効と認められるのか）を具体的に説明します。

1．整理解雇の有効要件

Q１　整理解雇が有効に成立するためには，どのような要件が必要とされるものでしょうか。

A１　普通解雇，整理解雇および懲戒解雇に共通する図表５－14の４要件のほかに，図表５－15の追加４要件が加わります。

⑴　整理解雇有効の４要件とは

企業の経営状況が悪化したときに，社員の一部を人員整理するために行う解雇のことを「整理解雇」といいます。しかし，考えてみれば，整理解雇とは，経営者の失敗によって引き起こされた事態ですから，社員には何らの責に帰すべき事由がないにもかかわらず，職を一方的に失わせるものです。したがって，整理解雇には法律的には厳しい要件が課されています。

なお，今回のコロナ禍についても，その会社の事業量が減少したとしても，経営者の工夫，努力により減少をくいとめたり，逆に増加させている経営者もいます。したがって，コロナ禍がそのまま経営者の失敗，責任になるのではなく，コロナ禍の中でいかに経営上の工夫，努力をしたかが問題となります。

そして，その経営者の努力，工夫にもかかわらずその会社の事業量が減少したとしても，図表５－15の②及び図表５－17に記載したように，「いかに解雇回避努力義務を果たしたか」が，その整理解雇が有効と認められるための前提条件となります。

図表5－14の解雇（普通解雇，整理解雇，懲戒解雇）の共通有効要件のうち，①解雇禁止事由に該当しないこと，②解雇予告を行うこと，③就業規則，労働契約，労働協約の規定を守ること，は当然必要です。

(2) 整理解雇の追加4要件とは

その整理解雇が有効と認められるためには，共通4要件に加えて（126頁図表5－2も参照），「解雇理由の合理性，相当性」を裏付ける具体的内容として，図表5－15の①～④の追加要件が必要です。最近は，これらについて，4要素説が主流となっています。この説は，整理解雇が有効か無効かを総合的に判断するうえでの要素と考える立場ですが，検討すべきポイントは同じです。

会社側が，従業員の整理解雇を行う場合に，図表5－14と図表5－15のすべての要件を満たしていれば，その整理解雇は法律上有効とされます。

【図表5－14】解雇（普通解雇，整理解雇，懲戒解雇）が有効と認められる共通4要件

① 法律で定められている解雇禁止事由（129頁図表5－4）に該当しないこと。
② 従業員に解雇予告を30日以上前にするか，これに代わる解雇予告手当（30日分の平均賃金）を支払うこと（労基法第20条）。
③ 就業規則や労働契約，労働協約に規定する解雇事由，解雇手続きに従っていること。
④ 解雇理由に合理性，相当性があること。

【図表5－15】整理解雇の追加4要件

① 経営上，人員削減の必要性があること
　整理解雇を決定した後で，大幅な賃上げ，高配当，大量採用をするなど矛盾のある行動をした場合，解雇は無効。
② 整理解雇をさける努力をしたこと
　賃金や雇用面での調整を行うなど，整理解雇しなくてもすむように手を尽くしたかどうか。
③ 解雇対象者の選定の基準，選定の実施が妥当であること
　多数の従業員の中から，なぜ，その従業員を整理解雇の対象者に選定した

のか，十分に説明できる基準の内容と実施手続きが必要。

④　労働組合の代表者，または従業員と協議を尽くしたこと

労働協約に労働組合との協議条項がある場合はもちろん，ない場合でも，労働組合または従業員の代表者と事前に誠意をもって協議し，理解・協力を求めることが必要。

2．整理解雇の際の「人員削減の必要性」の程度

Ｑ２　整理解雇の有効要件である「経営上，人員削減の必要性があること」とは，どの程度の必要性をいうのでしょうか。

例えば，人員削減をしなければ倒産するといった場合のことをいうのでしょうか。

Ａ２　最近は，下記③の「企業の合理的経営の必要上やむを得ない」程度でよいとされています。

人員削減について，その企業にとって，どの程度の強い必要性が求められるかについては，次の３つの学説があります。

①　倒産のおそれがあること

②　前記①ほどではないが，客観的に高度の経営危機下にあること

③　前記②よりもゆるく，企業の合理的経営の必要上やむを得ないこと

最近の裁判例の傾向は，図表５－16のように経営者の判断を尊重し，③程度の必要性でよしとしています。

ただし，整理解雇を実施した後で，大幅賃上げや高配当，または大量採用を行うなどの整理解雇と矛盾した行動をとった場合は，その整理解雇は無効とされます。

【図表５－16】経営上の，人員整理の必要性の度合い

緊急度		
↑ 緊急度 ↓	①　緊急に人員整理を行わなければ倒産してしまう。 ②　人員整理をして企業体質を改善・強化しなければ，将来，経営危機に陥る危険性がある。 ③　経営危機に陥る危険性はないと予想されるが，採算性の向上等を目的に余剰人員を整理する必要がある。	判例では，左記のいずれの状況でも，経営上，人員整理の必要性はあると認めている。

３．正社員の整理解雇をさける努力の具体的内容

Ｑ３　企業として，正社員の整理解雇をさけるための努力とは，どのようなことをいうのでしょうか。

Ａ３　図表５－17の①～⑯措置を，おおむねの項目から順次実施していくことが必要です。

⑴　整理解雇をさける努力が必要

経営上の人員削減の必要性があるからといって，すぐに人員整理が認められるわけではありません。まずは，図表５－17に示した整理解雇をさける措置の実施が求められます。

どの程度の解雇回避努力が求められるかは，企業規模や従業員構成，経営内容や経営状況等によって異なります。

倒産の危機に直面している状況では，十分な解雇回避措置を講じる余裕はなくてもしかたありません。一方，採算性の向上を図るのが目的なら，従業員の整理解雇をする前に最大限の解雇回避措置をとる必要があります。

⑵　整理解雇の前にできることはある

整理解雇は，リストラ（事業再構築）を進めたうえでの最後の手段です。リ

ストラというと「整理解雇」のイメージがあるかもしれませんが，本来は，会社の経営を建て直すためのさまざまな方策のことをいいます。

また，整理解雇に踏み切る前に国の雇用調整助成金等の利用を考えてみるのもよいでしょう。

【図表５－17】正社員の整理解雇の前にやっておくこと（解雇回避努力義務）

①広告費・交際費等の経費削減
②時間外労働・休日労働の削減
③社員の休業（自宅待機）・労働時間短縮の実施
④雇用調整助成金（休業・出向等給付）の活用
⑤国・地方自治体の給付金や，金融機関の支援策等の活用
⑥新規採用の抑制
⑦余剰人員の配転や出向・転籍
⑧役員報酬のカット・不支給
⑨管理職手当のカット・不支給
⑩従業員の賞与のカット・不支給
⑪ベースアップ・定期昇給の抑制・停止
⑫その他の賃金・労働条件の引下げ
⑬外部委託業務の打ち切り
⑭派遣労働者の受入れ使用の中止
⑮パートタイマー・期間雇用者（契約社員）の雇止め，解雇，正社員の採用内定の取消し
⑯希望退職者の募集

➡経営が大きく傾く前に，できるだけのことはやっておく。ただし，何をどこまで行うかは，使用者の判断に委ねられている

4．正社員の整理解雇と同時のパートの新規採用等は認められるか

Q４　当社では，正社員を整理解雇した前後にパートタイマーを雇い入れ，派遣社員を受け入れ使用しています。その後，整理解雇した正社員から，「新たな雇い入れができるくらいなら，自分たち正社員を解雇する必要はなかった」と訴えてきました。法的にはどのように判断されるものでしょうか。

Ａ４　本件のような採用等は判例で認められています。

会社が，これまで正社員に行わせてきた業務をパートタイマー（短時間労働者）や契約社員（有期雇用契約のフルタイマー）に行わせることは人件費の削減になります。

そして，パートタイマーや契約社員等は正社員に比べ，業務量の増減に対応して人員，雇用量を調整することが容易です。

また，派遣社員を受入れ使用した場合は，人件費の削減や雇用量調整の容易さに加えて，労務管理業務を派遣元会社が行うので，自社の労務管理業務の合理化にもつながります。

したがって，パートタイマー，契約社員を雇い入れたり，人材派遣会社が雇用している派遣社員を自社で受入れ使用することは，必ずしも正社員を整理解雇することとただちに矛盾しないと思われます。判例もこの点は認めています。

5．派遣労働者の受入れ中止の方法

Q５　派遣先事業主が受入れ使用している派遣労働者の受入れを中止するには，どうしたらよいでしょうか。

Ａ５　人材派遣会社に対して，同社と自社で結んでいる労働者派遣契約書にもとづいて派遣労働者の受入れ中止を申し入れてください。

⑴ 労働者派遣とは

労働者派遣というのは，A人材派遣会社（派遣元事業主）が，C雇用している派遣労働者を，B派遣労働者の受入会社（派遣先事業主）に派遣し，Bの指揮命令を受けて働かせることをいいます（図表５－18）。

労働者派遣を業として行うものを「労働者派遣事業（人材派遣会社）」といいます。労働者派遣事業には，図表５－19の２種類があります。

【図表５－18】労働者派遣のしくみ

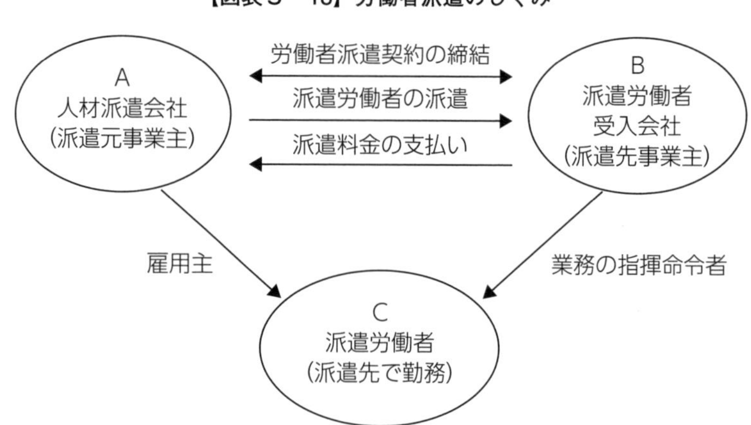

【図表５－19】労働者派遣事業の種類

種類	派遣労働者の雇用形態	営業の要件
特定労働者派遣事業	(常時雇用型) 派遣労働者がすべて自社の常時雇用労働者であるもの	厚生労働大臣への届出 (手続き窓口は都道府県労働局)
一般労働者派遣事業	(登録型) 上記以外のもの (派遣労働者が，自社の登録型派遣労働者 (スタッフ)，臨時労働者であるもの，またはこれらの者と常時雇用労働者の両者であるもの)	厚生労働大臣の許可 (同上)

⑵ 派遣労働者とは

派遣労働者（C）とは，人材派遣会社（派遣元：A）に雇い入れられ，派遣先会社（B）に派遣され，Bの指揮命令を受けて働く労働者のことをいいます。

派遣労働者（C）の雇用主は，Aの人材派遣会社であり，Aが派遣労働者を採用（雇入れ）し，賃金を支払い，社会・労働保険の加入手続きを行い，必要な場合には解雇，雇止め（契約更新拒否）します。

派遣労働者には，図表５－20のように常用型と登録型の二種類があります。全体のうち登録型が大多数です。

【図表５－20】派遣労働者の種類

常用雇用型	派遣元と継続的な雇用関係にある。派遣先から派遣契約を解除されても派遣元との雇用関係は継続する
登録型 (スタッフ)	派遣元に氏名や希望の職種などを登録しておき，希望と合う業務があるときだけ派遣元と雇用契約を結び，派遣先で働く。派遣先が契約解除すると，派遣元との労働契約を打ち切られる。現在は，雇用期間の制限がないので，１日ごとに雇用し，派遣する日雇い派遣も適法

⑶　派遣先事業主の派遣中止の申入れと負担は

派遣先事業主は，自己のやむを得ない事情により，受入れ使用している派遣労働者の使用を中止したい場合には，ただちに，労働者派遣契約書の規定内容に従って，人材派遣会社（派遣元事業主）に対して，派遣の中止（個別派遣契約の中途解約）を申し入れます（図表５－21）。

そして，その派遣契約書の規定に従って，解約料金（即時受入れ中止の場合には，解雇予告手当（労基法にもとづき，使用者に支払いが義務づけられている平均賃金日額の30日分）その他）等を支払うことになります。

⑷　派遣労働者の解雇・雇止めなどの方法は

派遣労働者の雇用主は人材派遣会社（派遣元事業主）です。

派遣先事業主から人材派遣会社（派遣元事業主）に対して，派遣労働者の受入れ中止の申入れがあると，その人材派遣会社は，雇用している派遣労働者の雇用形態により，解雇，雇止め（契約更新拒否）などを行うことにより雇用関係は終了します（図表５－21）。

【図表５－21】派遣労働者の受入れ使用中止（労働者派遣契約の解約）の申入れの手順

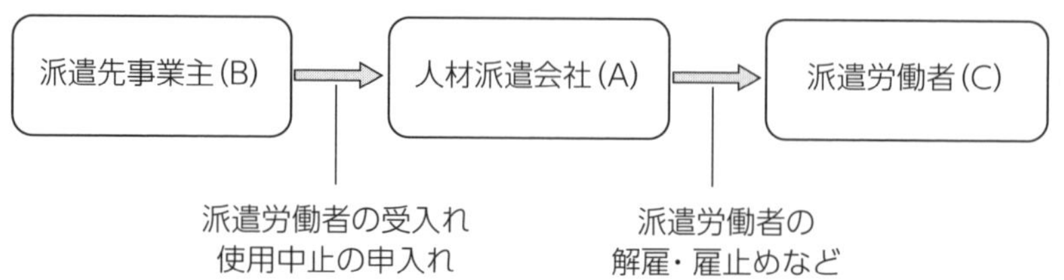

６．整理解雇対象者の選定の合理性とは

Q６　整理解雇がどのように行われたら，合理性があると言えるのでしょうか。

A６　整理解雇対象者の選定基準と実施手続きについて次の⑴，⑵に記載したような合理性が求められます。

⑴　整理解雇対象者の選定の合理性とは

整理解雇は，多数の社員の中から一部の者を選定し，人員削減を実施するわけです。このため，なぜ，その社員が整理解雇の対象になったかを十分説明できる選定基準と手続きの合理性が必要です（図表５－22～図表５－24）。

具体的には

①　整理解雇対象者の選定基準が設けられていること

②　設けられた選定基準に合理性があること

③　選定基準が公平に適用されたこと

が，求められます。

ただし，零細企業で，従業員数人程度の整理解雇を行う場合には，①の整理解雇基準の作成は必要ありません。

⑵　整理解雇対象者の選定基準の合理性とは

裁判例において合理性が認められている選定基準は，次の①～③の者を優先して対象者とすることです。

①　雇用形態からみて企業との関係の薄い者

これは，パートタイマー，契約社員など非正規社員を先に整理解雇の対象にし，正社員を後にするものです。

②　企業の再建，維持のために貢献することの少ない者

整理解雇は企業の再建，維持のために行うものです。このため，その目的からして，整理解雇対象者の選定基準には，企業秩序を乱す者，業務に協力しない者，職務怠慢な者，能力の低い者，欠勤の多い者，病弱な者，配転困難な者等があげられます。

裁判例でもこれらの基準自体には「合理性あり」としています。しかし，この基準は抽象的で使用者の評価により判断結果が左右されることから，使用者の評価の合理性，正当性が裁判で争われることが多々あります。

③　解雇されても生活への影響の少ない者

他の収入がある，共稼ぎで子供がいないなどの場合はこれに該当します。

ただし，この判断基準の場合，「有夫の女性」「30歳以上の女性」といった一般的な基準を設けることは，男女雇用機会均等法により結婚している女性の差別取扱い，性別による差別取扱いとなり，その整理解雇は無効となるので注意してください。

実際に整理解雇の対象者を選定する場合には，一般的には，まず①の基準により，非正規社員を先にし，正社員を後にします。そして，正社員を整理対象とする場合には，前記②の基準により選定します。

さらに，②の点で評価が同程度の場合には，③の基準で選別します。

判例では，これらの取扱いは，一般的に合理性ありと認めています。

ただし，人件費削減が急がれる場合には，人件費の高い正社員を先にし，パートタイマーなど人件費の安い非正規社員を後に整理解雇する方が「合理性あり」とする判例もあります。

【図表５－22】整理解雇対象者の選定についての合理性を判断する要素

① 整理解雇対象者の選定基準が設けられていること
② 設けられた選定基準に合理性があること
③ 選定基準が公平に適用されていること

零細企業が，従業員数人程度の整理解雇を実施する場合，基準の作成までは求められないが，合理性，公正性は必要

【図表５－23】整理解雇対象者の選定の基準

密着度	その従業員の雇用形態からみた会社との関係の深さ。正社員はパートタイマーや期間雇用者などより密着度が高いとみなされる。
貢献度	その従業員が会社にどれだけ貢献しているかということ。会社の再建，維持にどれだけ役立つか，能力，出勤率，スキルなどから判断する。
被害度	解雇によるその従業員の生活への影響の大きさ。世帯として，ほかに収入があるか，病気の家族や子どもなどをかかえているかどうか。

【図表５－24】具体的な整理解雇対象者選定の手順

1　正社員か，非正規社員か

正社員より関係の薄い非正規社員（パート，期間雇用者等）を先に解雇するのが一般的

人件費削減が急がれる場合，正社員を先に解雇するほうが合理性があるとする判例もある

2　人事考課の評価が高い者か，低い者か

評価の高さ＝貢献度の高さととらえられるので，前者を残すことは合理性がある

注意

選定基準があいまいだと，労使間で，使用者の評価自体の合理性，正当性が争われるおそれがある

誠意をもって協議をつくすことが大事

3　子どもをもつ者か，もたない者か

共稼ぎで子どもがいない場合，被害度は比較的低いため，先に対象とするのが合理的

注意

「結婚している女性」「30歳以上の女性」などといった一般化した基準を設けるのは，男女雇用機会均等法上差別にあたり，解雇は無効になる

7．リストラによる学生等の採用内定の取消し

Q７　当社は，新規学卒者を対象に求人募集を行い，Ａさんに採用内定を出したところ，経営の悪化により，入社１カ月前に採用内定を取り消しました。こうした取扱いは法的に認められるものでしょうか。また，Ａさんの両親は，契約不履行と就職機会損失で損害賠償請求を考えているとのことですが，こうした訴えは認められるものなのでしょうか。

Ａ７　その会社の経営悪化の程度によっては，採用内定の取消しが認められます。ただし，経営がそのような苦境にまで至っていないと判断された場合は，採用内定の取消しはできません。

⑴　採用内定とは何か

第２節Ｑ７（164頁）で述べているとおりです。

⑵　リストラによる採用内定の取消しが認められる場合

そこで，会社側の都合だけで採用内定の取消し（解雇）ができるのは，以下の場合に限られます。

①　その会社で現在働いている一般社員を整理解雇しなければならないという事業経営上の必要性が十分にあって，

②　企業がその整理解雇をさけるための努力をした後

であれば，原則として，認められます。

この場合，現在勤務している一般社員を整理解雇するよりも先に，まだ勤務していない採用内定者の内定を取り消すことができると考えられます。

なお，内定取消しによる学生の就職機会損失などの損害賠償請求は，通常は認められません。ただし，内定取消しが権利の濫用にあたり無効とされる場合は除きます。

8．事業場閉鎖に伴う全員解雇

Q８　私どもの会社では，国内の工場を，老朽化などの理由で２工場とも閉鎖し，人件費の安い海外に工場を移転しました。その結果，国内工場で働いている社員は，責任者以外，全員解雇しました。ただ，東京本社勤務の社員は解雇していません。こうした取扱いに法的な問題はあるのでしょうか。

A８　事業場閉鎖による人員整理や全員解雇は法的に違法とは言えません。判例でも，その妥当性の判断にあたっては，企業全体ではなく，その事業場や部門単位でよしとし，その上で人員削減の必要性，人選の妥当性を判断する傾向にあります。もし，必要性から考えてやむなしと判断されれば，全員解雇も有効ということなのです。

全員解雇に関していえば，さらに，「企業廃止」による全員解雇というものがあります。普通は企業がなくなれば全員解雇も当然のように思えますが，労働組合を壊滅させるために，いったん会社を閉じて，改めて出直そうというものや，偽装解散というケースもあります。これらの場合については，全員解雇を無効とした判例があります。

第４節　懲戒処分と懲戒解雇

懲戒処分とは，社員が会社の服務規律，企業秩序に違反したときに，使用者が該当社員に対して，制裁として訓戒，減給，出勤停止，懲戒解雇等の処分を行うものです。

第４節では，まず，懲戒処分の根拠，処分対象行為，懲戒処分の種類，懲戒処分を行う際のルールについて説明します。

次いで，懲戒解雇と普通解雇との違い，懲戒解雇時の退職金不支給，即時解雇について説明します。

そして，懲戒処分の具体的事例と処分の限度について説明します。

懲戒処分については，労働関係法令にほとんど具体的な規定はないので，判例にもとづいて判断することになります。

1　懲戒処分の種類と内容

１．懲戒処分とは何か

Ｑ１　懲戒処分とは，どのようなものですか？
また，なぜ，企業は社員に対して懲戒処分をすることが認められるのですか？

Ａ１　懲戒処分（制裁）とは，社員の，服務規律・企業秩序についての違反に対し，使用者によって科せられる一種の制裁罰です。

社員の業務上の行為は当然懲戒処分の対象となりますが，業務外の行為であっても，企業の社会的信用を著しく傷つけた場合は懲戒処分の対象となります。制裁の内容は，減給，出勤停止，懲戒解雇といった労働関係上の不利益措置です。

(1)　懲戒処分の法的根拠

懲戒処分の法的根拠については，次の２つの学説があります。

契約説……就業規則，労働協約，労働契約等の規定により，労使間において，秩序違反の行為があったときは懲戒処分が行われてもさしつかえないという合意があったときは，その合意にもとづいて懲戒処分を行える。したがって，就業規則，労働契約書等に根拠規定を定めておかなければ，懲戒処分はできない。

固有権説……およそ団体があれば，その秩序維持が当然に必要になる。懲戒処分は，企業の経営権にもとづく固有の権限である。したがって，就業規則等に根拠規定がなくても処分できる。

もともと，労働契約とは，対等な立場にある使用者と労働者が，「あなたの指示どおりに働きますから，約束どおりの賃金を支払ってください」という取引契約です。このため，指示どおりに働かなかった場合に，債務不履行という契約上の責任（賃金の一部不払いなど）を問うことはできます。しかし，罰を与えることができるかどうかは非常に難しい問題です。

判例は，基本的には，固有権説に立っていると思われます。

(2)　実務上の対応

上述のうちのいずれの見解に立つとしても，会社側が懲戒処分を実務上，有効かつスムーズに実施するためには，次のことを守ることが欠かせません。

①　使用者は，就業規則，労働契約書等に懲戒の事由と処分の種類，内容，手続きを明確に定めておくこと。

②　それらを，あらかじめ労働者に周知しておくこと。

③　上記①の就業規則等の規定にそって処分を行うこと。

2．服務規律・企業秩序の順守とは

Q２　当社では，遅刻が多く，注意しても改善する様子がない社員など不良社員を，「服務規律・企業秩序」違反として，近く懲戒処分したいと検討しています。「服務規律・企業秩序維持」には，どのようなことまで含まれているのでしょうか。念のために，教えてください。

A２　各企業では，服務規律・企業秩序の維持に関する事項のあらましを，就業規則等で「服務規律・企業秩序の維持に関する規定」として定めたり，あるいは「懲戒処分に関する規定」として間接的に定めています。その内容は図表５－25のとおりです。

⑴　企業の服務規律・企業秩序の維持とは何か

労働者は，特定の企業と労働契約を結び，採用されると，使用者の支配下でその指揮命令を受けて働くことになります。これを「使用従属関係」といいます。この関係から，労働者にさまざまな法律上の義務が生じます。

まず第１に，労務提供の義務とそれに伴う業務命令に従う義務，自己と職場内の労働安全衛生確保義務，人事異動の命令に従う義務等が生じます。これらに加えて，会社の施設・物品の管理・保全のための指示，命令に従う義務が生じます。

第２に，特定企業の社員という身分をもつことにより，その組織の一員として，組織秩序・信用維持の義務を負います。

これらの使用従属関係から生ずる，社員の順守しなければならないルールを服務規律・企業秩序の維持といいます。

⑵　服務規律・企業秩序とその限界は

最高裁判所の判例は，使用者は企業の存立，運営に不可欠な企業秩序を定立し，維持する当然の権限を有し，労働者は労働契約を結ぶことによって，当然にこの服務規律・企業秩序を順守する義務を負う，としています。

ただし，これには限界があります。

第１に，企業を円滑に運営するうえで必要かつ合理的なものであることが必要です。

第２に，社員の私生活に対する使用者の支配を正当化するものではないし，社員の人格，自由に対する行きすぎだ支配や拘束まで認めるものではありません。

【図表５－25】服務規律・企業秩序維持の内容

項　目		内　容
社員の勤務と職場に関する規律	1　精勤等の義務	・始業・終業時刻を守る。 ・出退勤の通路（通用門），手続き（タイムカードの打刻，身分証明証の提示，所持品検査）を守る。 ・制服，制帽等所定の服装をする。 ・職場に私品を持ち込まない。 ・遅刻，早退，欠勤，休暇の届出手続きを守る。 ・離席，外出，面会の規制・手続きを守る。 ・勤務時間中は，勤務に専念する。
	2　業務命令に従う義務	・会社の規則，通達を守る。 ・上司の指示，命令に従う。 ・残業命令，休日労働命令，出張命令に従う。
	3　人事権に従う義務	・転勤，配置換え，出向，転籍の命令に従う。
	4　職場秩序，安全衛生等に関する義務	・会社の規則，上司の命令に従う。 ・社員が協力して職場の風紀，秩序維持に努める。 ・労働安全衛生規則，作業基準等を守る。 ・けんか，暴行，酩酊，賭博をしない。 ・職務に関連して，金品を授受しない。 ・セクハラ・パワハラ等の行為をしない。 ・生産性向上，社員研修等に協力する。
会社の施設・物品の管理・保全についての規律		・会社の施設・物品の破損，浪費，私的利用をしない。 ・会社施設利用のルールを守る。 ・事業場内での政治活動，宗教活動の規制を守る（上記４にも該当）。

社員としての地位・身分による規律	・経歴詐称をしない。 ・企業の名誉，信用を失墜させない。 ・自社，自社の製品・取扱商品等について誹謗（ひぼう）中傷しない。 ・企業秘密，個人情報を外部に漏らさない。 ・会社の許可を得ずに兼職・兼業に従事しない。 ・公職立候補，公職従事の届出・承認を守る。 ・身上異動を届け出る。

3．懲戒処分の種類・内容と懲戒解雇

Q３　懲戒処分の種類・内容と懲戒解雇について教えてください。

A３　多くの企業で就業規則または労働契約書に懲戒処分として規定され，実施されていて，判例で認められている種類，内容としては，次の①～⑩があります。

番号順に，最初は軽い処分で，徐々に重い処分となるように記載してあります。懲戒解雇は，これらのうち最も重い処分です。

(1)　懲戒処分の種類と内容例

① 訓告（くんこく）（戒告）

訓告とは，口頭で将来を戒（いまし）める。業務記録に記載するものです。

② 譴責（けんせき）

譴責とは，始末書（業務報告書）を提出させて将来を戒める処分です。

従業員に始末書（業務報告書）の提出を命じても，中には始末書（業務報告書）を提出しない者もいることから，逆に，会社から当人に警告書を交付する方法をとることもできます。

判例の中には，社員に対して強制的に「始末書」を提出させることは，その社員の「思想・信条の自由」に反するので，「業務報告書」として提

出させるのが適切であるとするものもみられます。

訓戒と譴責とは，懲戒処分のうちで最も軽い処分です。それ自体には不利益はありません。ただし，昇給，昇格，賞与の考課査定の際にマイナス評価される場合もあります。

その社員に対して訓戒，譴責が何回も重ねて行われると，より重い懲戒処分がなされることになります。

使用者が譴責処分を行ったにもかかわらず，対象社員から始末書が提出されなかった場合，指示命令違反としてさらに処分できるか否かについては，判例の主流はできないとしています。

③　減給

減給とは，制裁として賃金をカット（減額）することです（詳しくは，187頁Ｑ４に記載）。

④　昇給停止

昇給停止とは，一定期間，その社員の昇給を停止するものです。

⑤　降職・降格

降職・降格とは，職務上の地位，資格を上位から下位に引き下げるものです。例えば，課長から課長補佐に引き下げ，１級職から，２級職に引き下げるということです。

⑥　出勤停止

出勤停止とは，一定期間，出勤を停止し，その間の賃金を支給しない処分です。出勤停止に伴う賃金カットについては，労働基準法に特に制限規定は設けられていません。また，出勤停止の期間について法規定上の制限はありません。しかし，あまり長いと民法90条の公序良俗違反となるおそれがありますので，１週間ないし10日程度が多いようです。

⑦　懲戒休職

懲戒休職とは，制裁として，労働契約は継続しながら，一定期間の就労を禁止するものです。

普通，この期間中は賃金が支給されず，勤続年数にも算入されません。

通例，期間が１～３カ月と長く，労働者の不利益も大きいので，民事訴訟になれば，その事案の休職事由への該当性，処分の相当性が厳しく判断されます。

なお，懲戒解雇等の処分をするか否かについて調査，決定するまでの間，就労禁止とするケースもあります。この場合は，労基法26条にもとづき，休業手当として平均賃金日額の60％以上を支払うなどの有給とせざるを得ないと思われます。

⑧ 雇用形態の変更

これは，その社員の雇用形態を正社員から有期契約労働者かパートタイマーに変更するものです。

⑨ 諭旨（ゆし）解雇（諭旨退職）

諭旨解雇とは，社員の非違行為の内容は懲戒解雇処分に相当するものですが，会社が情状等により，社員みずから辞職することを勧告し，即時辞職を求めるものです。

この場合，退職金は全部または一部支給されます。多くの会社では，所定期間内に社員みずから退職しない場合には懲戒解雇に処するという取扱いにしています。

⑩ 懲戒解雇

懲戒解雇とは，解雇し社員としての身分を失わせ，職場から強制的に排除するものです。対象になるのは，悪質，かつ，重大な服務規律・企業秩序違反を行った社員です。懲戒処分の中で最も重い処分です。退職金は全部または一部支給されません。また，多くの場合，即時解雇となります。

⑵ 就業規則への記載と，周知が必要

懲戒処分の種類・内容と実施の手続きについては，必ず，就業規則あるいは労働契約書に明確に記載しておかなければなりません。

また，就業規則等に記載していても，従業員に周知していない種類・内容・手続きの懲戒処分を行うことは認められません。

4．減給制裁の限度

Q４　減給制裁とは何ですか。

A４　減給制裁とは，服務規律，企業秩序に違反した社員に対する制裁として，その社員が受け取るべき賃金の中から一定額を差し引くことです。

⑴　労基法による限度額の制限は

減給制裁の金額があまりに多額になると労働者の生活をおびやかすおそれがあるので，次の制限が設けられています（労基法91条）。

制限額を超えて減給を行った場合には，使用者は罰金刑に処せられます（同法120条）。

①　１回の事案に対しては，減給の総額が労基法12条で定める平均賃金日額の50％以内でなければなりません。１日に２回の懲戒事由に該当する行為があれば，その２回のそれぞれについて，法定の平均賃金日額の50％ずつ減給することはさしつかえありません。

②　一賃金支払期（例えば今月25日～翌月24日）に発生した数事案に対する減給の総額が，その賃金支払期における賃金総額の10分の１以内でなければなりません。また，賃金総額が欠勤等のため少額となったときは，その賃金総額の10分の１以内でなければなりません。

労基法に定める限度額を超えて減給制裁を行うことは，就業規則で定めた場合はもとより，内規や不文の慣行にもとづくものも労基法違反です。労働協約により労働組合の合意にもとづいて減給制裁を行う場合も無効とする判例もあります。

⑵　遅刻，早退，欠勤に伴う賃金カットは減給制裁か

社員が遅刻，早退，欠勤を行った場合に，これらの時間に比例して賃金を減額するのは制裁ではありません。賃金は，労働の量や質に応じて支払うもので

すから，決められた時間を働かない場合に，それに応じて減額するのはノーワーク・ノーペイの原則（労働しなければ，賃金は支払われない）からして，当然のことです。したがって，減給制裁の制限（労基法91条）を受けません。

しかし，遅刻30分を１時間分として賃金カットすることや，遅刻１回につき何円減額するというように減給額を一律にすることは減給制裁にあたります。

また，ケンカ，物品私用等に科せられる一律の減額も減給制裁です。

⑶ 降職，降格，減俸は減給制裁か

ポスト（職階）を部長から課長に格下げしたり，業務内容を変更したことに伴い賃金が減額されるのは，職務内容の変更に伴い，賃金が変更されるものです。労基法で規定する制裁ではないので，労基法の制限を受けません。

しかし，従来と同じ職務に従事させながら賃金額だけを下げるものは労基法91条でいう減給制裁です。

5．懲戒解雇対象従業員を即時解雇できる場合とは

Q５　懲戒解雇をする場合は，すべて解雇予告手当なしで即時解雇できるものでしょうか。それとも，何か手続きや要件が必要でしょうか。

A５　従業員を懲戒解雇する場合のうち，解雇予告も解雇予告手当の支払いもない即時解雇が認められるのは，解雇通告の前に，労働基準監督署長の解雇予告除外認定書を受けた場合だけです（労基法20条３項）。あらかじめ，認定書を得ずに即時解雇すると，労働基準監督署長から30日分の解雇予告手当の支払いを命じられます。

⑴ 解雇予告も，解雇予告手当の支払いもせずにすむ方法は

厚生労働省の通達では，図表５－26のケースの場合に労働基準監督署長は解雇予告除外認定することができるとしています。労基署長は，会社からの申請

書提出後２週間程度で認定するとされています。

しかし，現実には，使用者（会社）が関係書類を整備して申請しても認定されないケースや，認定に１カ月程度を要するケースも多くあります。

会社としては図表５－26のケースに該当する場合には，まず，労基署に①認定申請の必要書類・証拠，②労基署長の認定の有無の見通しを相談したうえで，認定申請するか否かを決めてください。

⑵　無給の出勤停止にする方法とは

就業規則に図表５－27の規定を設けておき，懲戒解雇するまでの間，無給の出勤停止にする方法もあります。あるいは使用者の責に帰すべき休業（労基法26条）として60％の平均賃金日額を支払う方法も考えられます。これらの具体的な手続きの流れは図表５－28のとおりです。

【図表５－26】解雇予告除外認定が受けられるケース例

下記のケースは労働基準監督署長により認定される事由の例（厚生労働省通達）

1　事業場内における盗み，横領，傷害等刑法犯に該当する行為があった。

2　事業場外で行われた上記１の行為でも著しく事業場の名誉，信用を失墜させるもの，取引関係に悪影響を与えるもの，または労使間の信頼関係を失わせるものであった。

3　賭博，風紀びん乱等により職場規律を乱し，他の社員に悪影響を及ぼした。

4　事業場外で行われた上記３の行為でも，著しく事業場の名誉，信用を失墜させるもの，取引関係に悪影響を与えるもの，労使間の信頼関係を失わせるものであった。

5　採用条件の要素となるような経歴を詐称した。

6　雇入れの際，使用者の行う調査に対し，不採用の原因となるような経歴を詐称した。

7　他の会社に転職した。

8　原則として２週間以上，正当な理由なく無断欠勤し，出勤の督促に応じない。
9　出勤不良について，数回にわたって注意を受けても改まらない。

【図表５－27】懲戒解雇対象従業員を無給の自宅待機にするための就業規則の規定例

（出勤停止）
第○○条　就業規則の服務規律・企業秩序の規定に重大，かつ，悪質な違反をした者については，懲戒処分を決定するまでの間，及び懲戒解雇が決定した場合の解雇予告日から解雇日までの間，必要に応じて，出勤停止を命ずる。
2　前項の出勤停止期間の賃金は，平均賃金日額の６割とする。ただし，出勤停止命令が，証拠隠滅，不正行為・暴力行為等の再発，他の社員・取引先等への悪影響の防止等合理的理由のある場合は，無給とする。

【図表５－28】被懲戒解雇者を即時解雇・無給の出勤停止にする手順

①　懲戒解雇対象従業員が図表５－26のいずれかに該当する。

↓

②　該当する行為があっても，労基署長の解雇予告除外認定を得なければ即時解雇できない。

↓

③　就業規則に図表５－27の内容を定めておけば，解雇するまでの間，無給（または，60％以上の休業手当の支払い）の出勤停止でよい。

↓

④　懲戒解雇対象従業員本人に対し，書面で「１）30日間の解雇予告期間後に懲戒解雇すること，その理由，２）１）の期間は無給（同上）の出勤停止にすること」を通告する。

6．被懲戒解雇者に対する退職金不支給

Q6　労働者が懲戒解雇された場合は，すべて退職金不支給としても問題ないものでしょうか。

A6　会社が，懲戒解雇する者に退職金を支払うか否かは，まず就業規則（退職金規程）の定め方で決まります。

(1)　就業規則の規定のしかた

会社が，懲戒解雇する者に退職金を支払うか否かは，まず，就業規則（退職金規程）の定め方で決まります。

全額不支給，一部不支給，あるいは全額支給のいずれかの定め方があります。全額支給しなくとも，賃金の全額払いの原則（労基法24条）には違反しません。

企業のほとんどは全額不支給と定めています。

(2)　判例の考え方

しかし，懲戒解雇の事由がいかなるものであっても，就業規則（退職金規程）に全額不支給と定めておきさえすれば，有効に適用できるものでしょうか。

退職金には，これまでの勤務についての賃金の後払いという性質もあります。

このため，判例では，就業規則の退職金不支給規定を有効に適用できるのは，懲戒解雇の事由が，対象労働者のそれまでの勤続の功を抹殺してしまうほど著しく信義に反する場合に限るとしています（橋元運輸事件，昭和47年，名古屋地裁判決）。

例えば，多額の会社資金の盗取，横領などがこれに該当します。

他方，退職後の同業他社への就職を理由に退職金を半額とした退職金規則を適法であるとした判例もあります（三晃社事件，昭和52年，最高裁第二小法廷判決）。

7．支払済みの退職金の取り戻しはできるか

Q7　退職した従業員の不祥事が，退職後，半年たってから発覚しました。このような場合，会社はすでに支払った退職金を取り戻せるものでしょうか。

A7　以下の４つのすべての要件に該当する場合には，取り戻すことができます。

① 就業規則に，どのような不祥事の場合に懲戒解雇にすることができるかが，はっきりと定められていること。

② その不祥事の内容が，就業規則に定める懲戒解雇事由に該当するものであること。

③ 懲戒解雇の場合には，退職金を支給しない，または減額することが就業規則（退職金規程）に規定されていること。

④ その対象従業員の懲戒解雇になった事由（非違行為）が，多額の会社資金の盗取・横領等，対象従業員のそれまでの勤続の功を抹殺してしまうほど著しく信義に反するものであること。

問題になるのは，４つ目のポイントです。退職金には，これまでの勤務についての賃金の後払いという性質もあります。そのため，過去の判例により，就業規則の退職金不支給規定を有効に適用できるのは，それまでの勤続の功を抹殺してしまうほど著しく信義に反する場合に限る（橋元運輸事件，昭和47年，名古屋地裁判決）とされているのです。

2　懲戒処分の有効要件，手続き

１．懲戒処分の有効要件

Ｑ１　使用者が従業員に対して行う懲戒処分が有効であるためには，どのような要件を満たすことが必要かを教えてください。

Ａ１　これまでの判例により，その懲戒処分が有効であるためには，次の⑴～⑸の５つの要件をすべて満たしていることが必要であるとされています。

⑴　相当性の原則

懲戒処分の対象となった非違行為と，処分の重さとのバランスがとれていることが特に重要です。例えば，１回の無届欠勤を理由に懲戒解雇を行ったりすると，「懲戒権の濫用」であるとして裁判で無効になります。

裁判例において，多くの懲戒解雇の事案が，懲戒事由に該当する事実があることは認められているにもかかわらず，その行為や被処分者に関する諸般の事情を考慮すると処分が重きに失するとして無効とされています。

⑵　罪刑法定主義の原則

あらかじめ，就業規則か労働契約書，労働協約に，懲戒の事由や種類，程度，手続きについて明確に定めておき，事案が発生した場合には，その規定のとおり処分を行うことが不可欠です。

労働基準法では，10人以上の労働者を使用する事業場に，「制裁の定めをする場合においては，その種類および程度」の記載を義務づけています（同法89条９号）。

また，労働者を採用する際の労働条件の明示義務事項（労働条件通知書の記載義務事項）にも「制裁に関する事項」が規定されています（同法15条，労基規５条10号）。

⑶　不遡及（ふそきゅう）の原則

「遡及」とは，過去にさかのぼることです。社員の行為があった後で就業規則等に懲戒処分の根拠規定を定め，過去にさかのぼってその規定を適用し，処分することはできません。

⑷　一事不再理の原則（二重処分の禁止）

１つの非違行為に対して，例えば，まず訓戒の処分を行い，後で出勤停止にするといった二重の処分はできません。

⑸　適正手続きの原則

処分手続きが就業規則，労働契約書や労働協約で定められている場合は，その手続きを厳守することが不可欠です。

特に，懲戒委員会等の審議を経ることになっている場合は，これを守ることが必要です。

また，重大な処分（懲戒解雇，降格，出勤停止等）を行う場合には，社員本人に弁明（説明，言いわけ）の機会を与えることが必要です。

2．派遣先会社は派遣社員を懲戒処分できるか

Ｑ２　人材派遣会社から派遣され当社で働いている派遣社員を，派遣先会社である当社が懲戒処分できるでしょうか。

Ａ２　派遣先会社には派遣労働者の懲戒処分を行う権限はありません。懲戒処分を行う権限は，雇用主である人材派遣会社にあります。

人材派遣会社に通報し，適正に懲戒処分してもらうことになります。

⑴　派遣先での派遣労働者の懲戒処分は

使用者（会社）は，雇用する従業員が遅刻，無断欠勤，問題行動をした場合には，就業規則等の規定にもとづき，懲戒処分をすることができます。

それでは，派遣先会社の指揮命令を受けて就労している派遣労働者が遅刻，無断欠勤その他の非違行為をした場合に，派遣先会社はその派遣労働者を懲戒処分できるでしょうか。

派遣労働者が派遣先会社で非違行為を行った場合であっても，適用される就業規則は，派遣元会社が作成・届出しているものです。したがって，就業規則に違反した場合も派遣元会社に懲戒処分を行う権限があります。

⑵　派遣先会社の派遣労働者の問題行動への対処方法は

派遣労働者が派遣先会社で，派遣元会社が作成した就業規則等に規定されている懲戒事由に相当する行為を行った場合には，派遣先会社は，派遣元事業主に事実を通報したうえで，対処を求めます。

この場合，派遣先責任者から派遣元責任者に連絡します。

派遣労働者が，著しい問題行動を起こした場合や派遣先に損害を与えた場合などには，労働者派遣契約の解除も必要となるでしょう。

これらについては，労働者派遣契約書に具体的に記載しておくことが必要です。

３．懲戒解雇の有効要件

Ｑ３　どのような要件，手続きを満たせば懲戒解雇が有効と認められるのかを教えてください。

Ａ３　その懲戒解雇が有効と認められるためには，図表５－29のすべての要件を満たしていることが必要です。

懲戒解雇を行う前には，図表５－30の各項目のことを慎重にチェックしておいてください。

【図表５－29】懲戒解雇の有効要件

① 法定の解雇禁止事由（129頁の図表５－４）に該当しないこと。
② 30日以上前に解雇予告を行うか，または30日分の解雇予告手当（平均賃金）を支払うこと。
〔例外〕
イ 事前に労働基準監督署長の解雇予告除外認定を受けること
ロ 一定の臨時的労働者
③ 非違行為が懲戒解雇に値する悪質・重大なものであること。
④ 就業規則，労働契約書（労働条件通知書），労働協約のいずれかに，懲戒解雇の根拠規定が定められていて，その規定どおりに解雇していること（罪刑法定主義のルール）。
⑤ 非違行為が行われた後で懲戒処分について就業規則等に定め，これをさかのぼって適用して解雇していないこと（不遡及の原則）。
⑥ １つの非違行為について二重の処分をしていないこと（二重処分禁止の原則）。
⑦ 懲戒解雇処分を決める前に，対象従業員に弁明（説明，言いわけ）の機会を与えていること。

【図表５－30】チェックポイント

◆チェックポイント
□ 懲戒処分のルールを厳守しているか
➡１つでも欠ければ，解雇は無効
□ 懲戒解雇の場合，退職金の全部または一部を支給しないと，就業規則（退職金規程等）に明記してあるか
➡規定がなければ，退職金の支払いを拒めない

Q その解雇が裁判で無効とされたらどうなるか？
A 懲戒解雇，普通解雇のいずれでも，それが裁判で無効とされる場合は，職場復帰までの間の賃金の支払いのほかに，名誉毀損を理由として従業員から不法行為による損害賠償を請求される可能性もある。懲戒解雇を行う場合，図表５－29のルールの厳守を。

Q 重大な服務規律・企業秩序違反があったら，必ず，懲戒解雇にしなければならないか？

A　懲戒解雇に該当する理由がある場合であっても，普通解雇や本人からの辞職（諭旨解雇）とすることは何ら問題はない。そのほうが，対象従業員との間でトラブル，訴訟等にならない。

4．懲戒解雇と普通解雇の違い

Q4　懲戒解雇は，普通解雇とはどのように異なるものですか。

A4　懲戒解雇は，服務規律等の重大・悪質な違反者への制裁として職場から追放する最も重い懲戒処分です。これに対して普通解雇は，労働契約どおりに労務提供ができないことなどの理由で，使用者側から労働契約を一方的に解約するものです。両者には大きな違いがあります。

⑴　懲戒解雇と普通解雇との違いは

懲戒解雇は，社員に重大，かつ，悪質な服務規律あるいは企業秩序の違反があった場合に，最も重い制裁として社員としての身分を失わせ，職場から強制的に排除するものです。

懲戒解雇の事由は，事案が悪質，重大または繰り返し行われているような場合で，その社員を企業外に排除しなければ企業秩序，生産性の維持あるいは信頼関係の維持が困難な場合でなければなりません。

他方，普通解雇は，社員が働けないなどの場合，または企業合理化など経営上の理由で，労働契約を続けることのできないやむを得ない事由のあるときに認められるものです（第2節参照）。

両者は，同じく解雇ですが，その原因となる事実，理由がまったく異なります。

解雇される従業員への対応は，懲戒解雇の方が普通解雇よりも次のように不利な取扱いになります（図表5－31）。

①　即時解雇される場合も多い（会社が労働基準監督署長の「解雇予告除外

認定」を受けた場合)

② 就業規則(退職金規程)で退職金の全部または一部を支給しない旨を規定されていることが多い。

③ 再就職時の採用選考時に支障をきたす。

④ 解雇されたのち,雇用保険の失業給付を受ける場合には,その支給の開始時期が,懲戒解雇の方が普通解雇の場合よりも数カ月遅くなる。

【図表5－31】懲戒解雇と普通解雇の主な取扱いの違い

解雇の種類	解雇予告の取扱い	退職金の支給
懲戒解雇	即時解雇(解雇予告手当の支払いがない)(労働基準監督署長の認定必要)	退職金の一部,または全額不支給
普通解雇	30日以上前の解雇予告,または解雇予告手当(平均賃金の30日分)の支払い	退職金全額支給

したがって,解雇が有効と認められる範囲も懲戒解雇の方が普通解雇よりも厳しく(狭く)なります。

しかし,対象労働者に懲戒解雇に該当する事由のある場合に,会社側か普通解雇で済ますことは何ら問題ありません。この対応は,その労働者にとってプラスでこそあれ,何らマイナスにならないからです。

⑵ 懲戒解雇の普通解雇への転換は不可

懲戒解雇としては認められないが,普通解雇としては認められる事由があった場合に,使用者が行った懲戒解雇の通告を普通解雇の通告として取り扱うことはできるでしょうか。

これは認められないとする判例が主流です。その理由は,前記⑴のように,両者は質的に大きく異なるものだからです。このようなケースの場合,会社は懲戒解雇を通告するのにあわせて,予備的に普通解雇の通告もしておくことが必要です。

⑶ 解雇が不法行為になるおそれとは

懲戒解雇,普通解雇のいずれであっても,それが無効とされた場合は,当該労働者の職場復帰，賃金の支払いのほかに，労働者から名誉毀損を理由として不法行為による損害賠償請求をされる可能性があります（東海カーボン事件，昭和52年，福岡地裁小倉支部判決）。会社としては，解雇には，慎重な判断，対応が必要です。

第６章

有期契約労働者の退職・解雇・雇止め

◆はじめに―退職・解雇・雇止めの違い

会社に雇用されている労働者には，雇用契約期間の有無により，無期契約労働者と有期契約労働者とがあります（図表６－１参照）。

無期契約労働者（正社員等）には，雇用契約期間の制限はありません。ただし，大多数の者には定年制が設けられています。

他方，図表６－１のAの有期契約労働者には，例えば，１回の雇用期間について６カ月間，１年間といった制限があります。

有期契約労働者が，契約期間の途中で，みずから雇用契約を解約するのが「退職（辞職，合意退職等）」です。

労働者当人が引き続き雇用を継続したいのに，契約期間の途中で，会社から一方的に雇用契約を解約されるのが「解雇」です。

契約期間が満了すれば，自動的に雇用契約は終了します。

有期契約労働者が雇用契約を更新したいのに会社がこれを拒否するのが「雇止め（契約更新拒否）」です。

【図表６－１】有期契約労働者に該当する者と無期契約労働者に該当する者

雇用契約期間の有無／労働者の種類	A　有期契約労働者	B　無期契約労働者
1　正社員	×	○
2　契約社員（期間雇用者）	○	×
3　パートタイム労働者（短時間労働者）	○（大多数）	○（一部）
4　派遣労働者	○（大多数）	○（一部）

1　有期契約労働者の退職・解雇・雇止め

1．有期契約労働者の契約期間中途の辞職

Ｑ１　当社の有期契約労働者の１人が，近くの他社の方が時間給が高いので，当社を期間途中で辞めて，他社に勤めるといっています。契約期間中途の自己都合退職は認められるものでしょうか。

Ａ１　期間の定めのある契約（有期契約パート，契約社員，登録型派遣労働者等）の場合，契約期間中は，原則，労働者の都合で辞めることはできません。

本人の病気，ケガなど「やむを得ない理由」があれば即時に契約解除できますが，その理由が従業員の過失による場合には，使用者に対して損害賠償支払いの責任を負うことになっています（民法628条）。このように，民法で，労働者の自己都合で辞めることへの制限があるため，足止め期間が長すぎないように労基法で「１回の雇用契約期間は最長３年まで」とされているのです（労基法14条１項）。

2．有期契約労働者の契約期間中途の解雇

Ｑ２　有期契約労働者の契約期間中の解雇の制限について教えてください。

Ａ２　労契法17条１項には，「使用者は，期間の定めのある契約について，やむを得ない事由がある場合でなければ，その契約期間が満了するまでの間において，労働者を解雇することができない。」と定められています。

使用者は，有期労働契約（雇用期間の定めのある労働契約）期間中は，有期契約労働者〔契約社員（期間雇用者)），有期パート（雇用期間の定めのあるパートタイム労働者，登録型派遣労働者等〕を，原則として，解雇（契約の解除）することができません（労契法17条１項)。

ただし，「やむを得ない事由」，つまり図表６－２の場合に限って解雇することが認められます。

解雇が使用者の過失による場合は，労働者に残余期間分の賃金を支払わなければなりません。労働者の過失，あるいは労使当事者の不可抗力による場合には，残余期間分の賃金支払いは不要です（民法628条)。

また，使用者が破産手続き開始の決定を受けたときは，解雇できます（民法631条)。

有期契約期間中に有期契約労働者（有期パート，契約社員等）を解雇する場合，解雇予告については，当初の契約期間が２カ月以内であっても，契約更新等により当初の契約期間を超えて雇用されていれば，労基法の解雇予告の規定が適用されます（労基法21条)。

したがって，解雇の際には，30日以上前の解雇予告，または30日分以上の解雇予告手当（平均賃金日額）の支払いが必要です（労基法20条)。

契約社員・有期パートの解雇の前に確認しておくべきことを図表６－３に示します。

【図表６－２】契約社員・有期パートを契約期間中に解雇できる場合

① 天災事変による事業の著しい損害の発生
② 使用者または労働者の事故，重病
③ 労働者の著しい服務規律・企業秩序違反，勤務状況の劣悪等
④ 使用者の著しい事業不振等

【図表６－３】契約社員・有期パートの解雇の前に確認しておくべきこと

◆チェックポイント　解雇の前にここを確認

□ 以下の解雇禁止の事由にあたらないか

●業務上の傷病による休業期間と，その後30日間

●産前６週間，産後８週間の休業期間と，その後30日間
➡以上の期間中でも，天災事変等のやむを得ない理由によって事業の継続が不可能となったときは解雇できる。
●女性の婚姻，妊娠・産前産後休業等を退職，解雇の実質的な理由とすること

□　労働協約，就業規則や労働契約書（兼労働条件通知書）に解雇理由の定めはあるか
➡定めていれば，それ以外の理由では解雇できない。

□　30日以上前の解雇予告，または解雇予告手当の支払いをしたか

□　以下のような正当な解雇理由があるか
●事業の休廃止，縮小，再編成その他事業の運営上，やむを得ない
●休業，休職していた正社員の職場復帰，受注の減少等により人手があまる
●本人の身体や精神の故障等により，業務に耐えられないか，十分にできない
●勤務成績が不良で就業に適さない
●たび重なる無断欠勤・遅刻・早退・犯罪行為，重大な企業秩序・服務規律違反・経歴詐称等
➡正社員ほど厳格ではないが，パート等の解雇も正当な理由が必要。これを欠く場合，裁判で解雇権の濫用と判断され，解雇は無効になる（使用者に対して，パート等の職場復帰と，それまでの間の賃金支払い等が命じられる）

３．有期労働契約の更新とは

Ｑ３　有期労働契約の更新について教えてください。

Ａ３　有期労働契約が更新されると，更新後の労働契約にもとづく契約期間，契約内容によって新たな雇用関係がはじまります。

他方，有期労働契約の期間満了の後，特に契約更新手続きをすることなく，双方異議なく事実上雇用関係が続いた場合は，労働契約は前の契約と同一条件

で更新されたものとして取り扱われます（民法629条）。

この契約更新後の雇用継続期間中，従業員は期間の定めのない契約と同じように，いつでも解約（辞職）通告をすることができます。

4．有期労働契約の締結・更新・雇止めに関する基準告示とは

Ｑ４　有期労働契約の締結・更新・雇止めに関する基準告示について教えてください。

Ａ４　厚生労働大臣は，有期労働契約の締結時や契約期間の満了時における労使間のトラブルを防止するために，使用者が講ずべき措置について図表６－４の①～④に示すルールを定めています（労基法14条１項，２項，平成20年厚生労働省告示第12号）。

(1)　有期労働契約の締結・更新・雇止めに関する告示とは

有期労働契約とは，期間雇用者（契約社員），有期契約パート，登録型派遣労働者等のように雇用期間を，例えば１年，６カ月，１カ月と限定した契約のことです。

雇止めとは，有期の労働契約で雇っている労働者について，当初の契約終了後，使用者が契約を更新せずに雇用関係を終わらせること（契約更新拒否）をいいます。

【図表６－４】有期労働契約の締結・更新・雇止めに関する基準

①　契約締結時の明示事項等（旧告示１条，新労基則告示５条）
②　雇止め（契約更新拒否）の予告義務（旧告示２条，新告示１条）
③　雇止め（契約更新拒否）の理由の明示義務（旧告示３条，新告示２条）
④　契約期間を長くする努力義務（旧告示４条，新告示３条）

労働基準監督署長は，この基準について，使用者に対して必要な助言や指導

を行うことができます（労基法14条３項）。

ただし，労基法違反使用者に対する罰則規定は設けられていません。

⑵　「①契約締結時の明示事項等」とは

①　使用者は，期間の定めのある労働契約（有期労働契約）を結ぶ際には，労働者に対して，その契約の期間の終了後におけるその契約の更新の有無を明示しなければなりません（告示１条１項）。

「明示」とは，口頭で説明するか，または労働条件通知書，労働契約書，就業規則等の文書を渡すことにより，労働者が理解できるようにすることです。

明示すべき「更新の有無」の具体的な内容は，例えば，図表６－５のとおりです。

②　前記①の場合において，使用者が労働者にその契約を更新する場合があることを明示したときは，使用者は，労働者に対して，その契約を更新する場合，またはしない場合の判断の基準を明示しなければなりません（旧告示１条３項）。

明示すべき「判断の基準」の具体的な内容は，例えば図表６－６のとおりです。

③　使用者は，有期労働契約を結んだ後に，上述①または②の事項について変更した場合には，その契約を締結した労働者に対して，すみやかにその変更内容を明示しなければなりません（旧告示１条３項）。

労契法の改正と同時に行われた労基法施行規則５条の改正により，前記⑵「②契約締結時の明示事項等」の内容が同条に追加されました。これにより前記⑴の基準告示１条は削除されました。これに伴い，基準告示２条～４条は，１条ずつ繰り上がっています（平成25年４月１日施行）。

【図表６－５】明示すべき「更新の有無」の内容

①　労働契約を自動的に更新する
②　更新する場合があり得る
③　契約の更新はしない等

【図表６－６】明示すべき「判断の基準」の内容

① 契約期間終了時の業務量により判断する
② その労働者の勤務成績，態度により判断する
③ その労働者の能力により判断する
④ 会社の経営状況により判断する
⑤ 従事している業務の進捗状況により判断する等

⑶ 「②雇止め（契約更新拒否）の予告義務」とは

使用者は，有期労働契約（雇入れの日から起算して１年を超えて継続勤務している者にかかる契約などに限ります）を更新しないこととしようとする場合には，その有期契約労働者（有期パート，期間雇用者，登録型派遣労働者等）に対して，少なくともその契約の期間の終了する日の30日前までに，契約更新をしないことの予告をしなければなりません（旧告示２条，新告示１条）。

ここでの対象となる有期労働契約は，図表６－７の場合です。

ただし，使用者がその期間雇用者に対して，あらかじめ契約更新しないことを言い渡してあるときには，雇止めの予告は必要ありません。

このうち，図表６－７の③とは，例えば，図表６－８の者が対象となります。

【図表６－７】雇止め（契約更新拒否）の予告義務の対象となる有期労働契約

① １年以下の契約期間の労働契約が更新，または反復更新され，最初に労働契約を締結してから継続して通算１年を超える場合
② 当初から１年を超える契約期間の労働契約を締結している場合
③ 継続勤務期間と関係なく，３回以上契約更新されている場合

【図表６－８】雇止めの30日前の予告の例

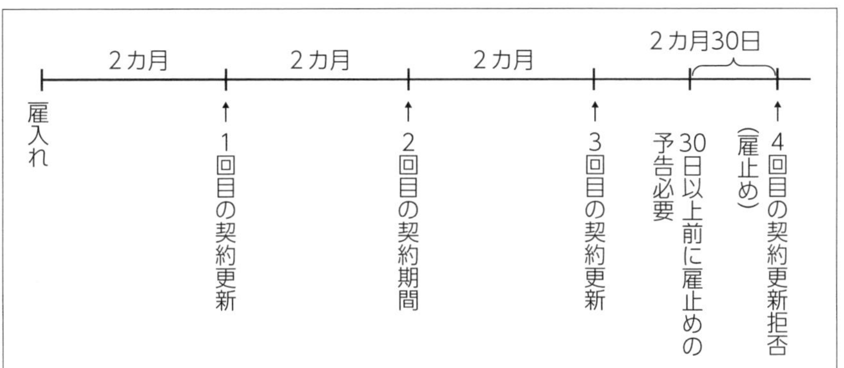

⑷ 「③雇止め（契約更新拒否）の理由の明示義務」とは

雇止め（契約更新拒否）の予告義務の場合において，使用者は，労働者から更新しないこととする理由について証明書を請求されたときは，遅滞なく，これを交付しなければなりません（旧告示３条１項，新告示２条１項）。

明示すべき雇止めの理由例としては，図表６－９のことがあげられます。

有期労働契約が更新されなかった場合において，使用者は，労働者が更新しなかった理由について証明書を請求したときは，遅滞なくこれを交付しなければなりません（旧告示３条２項，新告示２条２項）。

⑸ 「④契約期間を長くする努力義務」とは

使用者は，有期労働契約（その契約を１回以上更新し，かつ，雇入れの日から起算して１年を超えて継続勤務している者にかかる契約などに限ります）を更新しようとする場合においては，その契約の実態およびその労働者の希望に応じて，契約期間をできる限り長くするように努めなければなりません（旧告示４条，新告示３条）。

【図表６－９】明示すべき雇止めの理由例

① 前回の更新時に，本契約を更新しないことが合意されていたため
② 契約締結当初から，更新回数の上限を設けており，本契約はその上限にかかるものであるため
③ 担当していた業務が終了・中止したため
④ 事業縮小のため
⑤ その期間雇用者の業務を遂行する能力が十分でないと認められるため
⑥ その期間雇用者が職務命令に対する違反行為を行ったこと，無断欠勤をしたことなど勤務不良のため

５．有期契約労働者に対する雇止め予告通知書の文例

Ｑ５　雇い止め予告通知書の文例を示してください。

Ａ５　図表６－10のとおりです。

Ｑ４（206頁）の「⑶」で説明したように，継続雇用期間が１年を超えるなど図表６－８のいずれかに該当する有期契約労働者（有期パート，期間雇用者，登録型派遣労働者等）を雇止め（契約更新拒否）する場合には，30日以上前に雇止めの予告を行うことが義務づけられています。さらに，雇止めの理由を明示することも義務づけられています。

その明示は，口頭，文書のいずれの方法で行っても有効です。

しかし，後日の労使間のトラブルを防止するために，図表６－10のような雇止め予告通知書を渡して行うことをおすすめします。

【図表６－10】雇止め予告通知書の文例

令和○○年○月○○日

○○○○　様

株式会社○○○○
代表取締役 ○○○○　㊞

雇止め予告通知書

このたび，貴殿との労働契約が終了することに伴い，下記のとおり契約の更新は行わないこととしましたので，ここに30日前の予告をします。

記

1．労働契約期間終了日
令和○○年○月○○日
2．契約を更新しない理由
委託元会社倒産により，貴殿の担当していた業務が終了するため。
なお，当社からの貸与品等につきましては，○月○○日までにご返却くださいますようお願いします。
退職に関する諸手続き等につきましては，別途ご案内します。

以上

不明な点などがございましたら，ご遠慮なく総務部までお問い合わせください。
(担当○○○○)

第7章

事業主のハローワークへの「再就職援助計画」,「大量雇用変動届」等の提出義務

Q　事業主のハローワークへの「再就職援助計画」などの提出義務について教えてください。

A　事業主は，その事業所において，1カ月間に30人以上の離職者が生ずる場合には，その事業所の所在地を管轄するハローワークに「再就職援助計画」，または通称「大量雇用変動届」（正式名は「大量離職届」）を提出しなければなりません（図表7－1，労働施策総合推進法）。

これにあわせて，「労働移動支援助成金」の受給についても検討してください。

(1)　ハローワークへのその他の報告義務

事業主は，従業員の離職に伴い，上記A（アンサー）のほかにも，次の①～③の報告が必要です。

①　高年齢者等が解雇等により離職する場合

雇用する高年齢者等が1カ月以内に5人以上解雇等により離職する場合には，「多数離職届」を提出しなければなりません（高年齢者雇用安定法）。

②　障害者を解雇する場合

事業主が障害者である労働者（短時間労働者を含む）を解雇する場合には，すみやかにその障害者解雇届を提出しなければなりません（障害者雇用促進

法)。

③　外国人の従業員が離職する場合

外国人（特別永住者を除く）が離職した場合，その都度，その外国人の氏名，在留資格等を確認し，それらの事項を届け出なければなりません（労働施策総合推進法)。

【図表7－1】「再就職援助計画」と「大量雇用変動届」（大量離職届）の作成基準と提出手続き

		再就職援助計画	大量雇用変動届
1　目的		事業主が，離職する従業員に対して行うべき，再就職活動の援助などの責務（労働施策総合推進法第6条第2項）を果たせるようにすること。	地域の労働力需給に影響を与えるような大量の雇用変動に対して，職業安定機関等が迅速かつ的確に対応を行えるようにすること。
2　作成すべき場合		1つの事業所において，1カ月以内の期間に，30人以上の離職者を生じさせる事業規模の縮小・事業転換等を行おうとするとき。(離職者が30人未満の場合も任意で作成可能)	1つの事業所において，1カ月以内の期間に，30人以上の離職者の発生が見込まれるとき。
3　対象となる離職者の属性	経済的事情による事業規模の縮小等による離職者	対象	対象
	その他の事業主都合離職者	対象外	対象
	定年退職者	対象外	対象
	雇用期間満了による離職者	対象外。ただし希望したにもかかわらず，事業規模の縮小等により契約が更新されなかった次の者は対象となる。	対象。ただし次の者は対象とならない。 ・6カ月以内の雇用期間満了者。

		・実雇用期間が3年以上の者。 ・契約が更新されることが明示されていた者。	
	自己都合離職者・自己の責めに帰すべき理由によらない離職者	対象外。ただし事業規模の縮小等に起因する事情による離職の場合は対象となり得る。	対象
	障害者	内数として計上する	内数として計上する
4　作成・提出の期限		最初の離職者が生じる日の1カ月前まで。	最後の離職が生じる日の少なくとも1カ月前まで。
5　手続き		労働組合等の意見を聴いたうえで作成し，事業所の所在地を管轄するハローワークに提出して認定を受ける。	事業所の所在地を管轄するハローワークに提出する。なお,「再就職援助計画」の認定の申請をした事業主は，その日に「大量雇用変動届」をしたものとみなされる。
6　記載事項		216頁の様式第1号のとおり。	217頁の様式第2号のとおり。
事業主に対する支援		一定の要件を満たすと，労働移動支援助成金 を受けることができる。	
パンフレット		離職する従業員の再就職を援助するために ～「再就職援助計画」のご案内～ [PDF形式：969KB]	
問い合わせ先		ハローワーク または 都道府県労働局	

様式第1号(第7条の3関係)（令和元. 5改正）

再 就 職 援 助 計 画

雇用保険適用事業所番号					—							—	

労働施策の総合的な推進並びに労働者の雇用の安定及び職業生活の充実等に関する法律第24条第3項又は第25条第1項の規定に基づき、下記により、再就職援助計画の認定を申請します。

令和　　年　　月　　日

住所

事業主

氏名

（事業主が法人である場合には、主たる事業所の所在地、法人の名称及び代表者の氏名を記入すること。氏名については、記名押印又は自筆による署名で記入すること。）

公共職業安定所長　殿

記

1	申請事業主の現状	(1)　事業所数　　　ヵ所	(2)　常時雇用する労働者数　　人
2	再就職援助計画を作成する事業所の現状	(1)　名称	(4)　事業の種類
		(2)　所在地	(5)　再就職援助担当者 役職　　　氏名
		(3)　連絡先	(6)　常時雇用する労働者数　　人
3	再就職援助計画作成に至る経緯		
4	計画対象労働者等	(1)　計画対象労働者(離職を余儀なくされる者)　　人 (2)　計　画　期　間　　年　月　日～　　年　月　日	
5	再就職援助のための措置	□労働移動支援助成金受給を希望	
6	労働組合等の意見	労働者代表者氏名	
備考			公共職業安定所受理印

注意　1．3欄については、事業規模の縮小等に関する資料を添付すること。
　　　2．4(1)欄については、当該計画の別紙として、計画対象労働者の氏名、生年月日、年齢、雇用保険被保険者番号、離職予定日、再就職援助希望の有無及び雇用形態を含む事項を記載した一覧を添付すること。
　　　3．6欄については、労働組合等の同意の有無を明らかにすること。

※ 処理欄	認定番号	第　　　号	決裁欄				
			所長	部長・次長	課長・統括	上席・係長	担当
	認定年月日	年　月　日					

様式第2号（第9条関係）（表面）

大　量　離　職　届

労働施策の総合的な推進並びに労働者の雇用の安定及び職業生活の充実等に関する法律第27条第1項の規定により、下記のとおり届けます。

令和　　年　　月　　日

事業主　住　所

氏　名　　㊞

（事業主が法人である場合は、主たる事務所の所在地、法人の名称及び代表者の氏名を記入すること。氏名については、記名押印又は自筆による署名のいずれかにより記入すること。）

公共職業安定所長　殿

①下記の離職に係る事業所	㋑名　称		㋩事業の種類		②下記の離職が生じる年月日又は期間	年　月　日から
	㋺所在地		㋥従業員の数			年　月　日まで

③雇用形態	年齢	④離職者数	⑤職種	年齢	⑥離職者数
計					
		うち雇用保険被保険者数			
	45歳以上60歳未満			45歳以上60歳未満	
うち正規職員					
		うち雇用保険被保険者数		45歳以上60歳未満	
うちパート・アルバイト・契約社員・嘱託・期間工等					
		うち雇用保険被保険者数		45歳以上60歳未満	
うち派遣労働者					
		うち雇用保険被保険者数		45歳以上60歳未満	
⑦再就職の援助のための措置					
⑧再就職先の確保の状況	事業所　人				

（日本工業規格A列4）

第８章 離職予定社員に説明するための 雇用保険求職者給付（基本手当等）と 賃金の立替払いの有利な受け取り方

1　雇用保険のあらまし

1．会社が離職予定社員に雇用保険給付について説明するメリット

Ｑ１　会社が，退職予定者に対して雇用保険の求職者給付（基本手当等）について説明すると，会社にとってどのようなメリットがあるのですか。

Ａ１　その社員が離職後の生活資金の見通しが立つので，会社と当人との間の退職・解雇についての話し合いがスムースに進みます。

雇用保険に加入していた社員が会社を離職して，ハローワーク（公共職業安定所）に求職手続き（就職先を紹介してほしいと申し込むこと）を行うと，その社員の保険に加入していた期間その他の条件に応じて，基本手当（離職前賃金の45％～80％の金額）を受給することができます。

社員が会社を離職する際に，会社が当人に対して，

①　基本手当をいつから，いくらの金額を，どのくらいの期間受け取ることができるのか。

②　その社員が基本手当をもらうには，どこで，どのような手続きを行うこ

とが必要か。

③　基本手当を，早く，長期間，高額を受け取るには，どうしたらよいか。

④　会社は，上記③のことについてどのような協力をするか。

について説明することが望まれます。これにより，その社員と会社との間の退職・解雇をめぐる話し合いがスムーズに進みます。

社員が退職・解雇をしぶるのは，その後の生活資金の見通しが立たないことも理由のひとつだからです。

2．雇用保険給付とは

Q２　雇用保険というのは，どのような制度ですか。その目的，失業者がどのようなお金（手当）を受け取ることができるのかを教えてください。

A２　失業者が再就職するまでの間の生活資金を支える給付制度です。

⑴　従業員が１人でも適用される

雇用保険は，労働者が解雇されたり退職して失業状態にある場合，国が一定期間，基本手当などの給付を行って再就職するまでの生活資金を安定させ，安心して就職活動ができるようにするためのもの。一般に「失業保険」といわれています。

法人，個人の別を問わず，従業員を１人でも雇っている事業所には強制的に適用され，定められた保険料を事業主と労働者双方で負担し，国に支払います。

ただし，農林水産業のうち従業員が４人以下の個人事業所については，保険加入は任意となっています。

⑵　雇用保険に加入できない者もいる

会社は，原則として，その事業所で雇用する従業員を，期間雇用者（契約社員），パートタイマー（短時間労働者），日雇い，季節労働者を含め，すべて雇用保険に加入させる必要があります。

ただし，学生のアルバイト，代表取締役等の役員，個人事業主等は，加入できません。

３．パートタイマーの加入要件

Ｑ３　パートタイマーの加入要件について教えてください。

Ａ３　①１週間あたりの所定労働時間が20時間以上で，②31日以上の継続雇用が見込まれること。パートだけでなく，期間雇用者，派遣労働者も，この要件を満たせば一般被保険者となります。

【図表８－１】会社がすべきこと

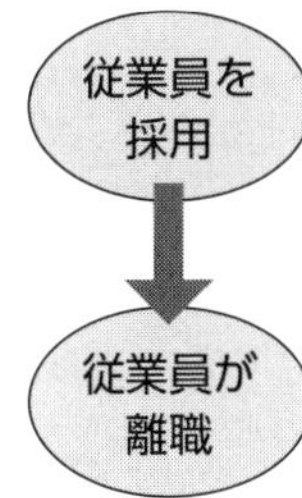

翌月10日までに雇用保険被保険者資格取得届を，
管轄の公共職業安定所に提出する。

従業員が被保険者でなくなったときは，同様に資
格喪失届を提出する。

届出をしなかったり，偽りの届出をしたりしたときは，
６カ月以下の懲役または30万円以下の罰金に処せられる。

【図表８－２】雇用保険の失業給付等一覧

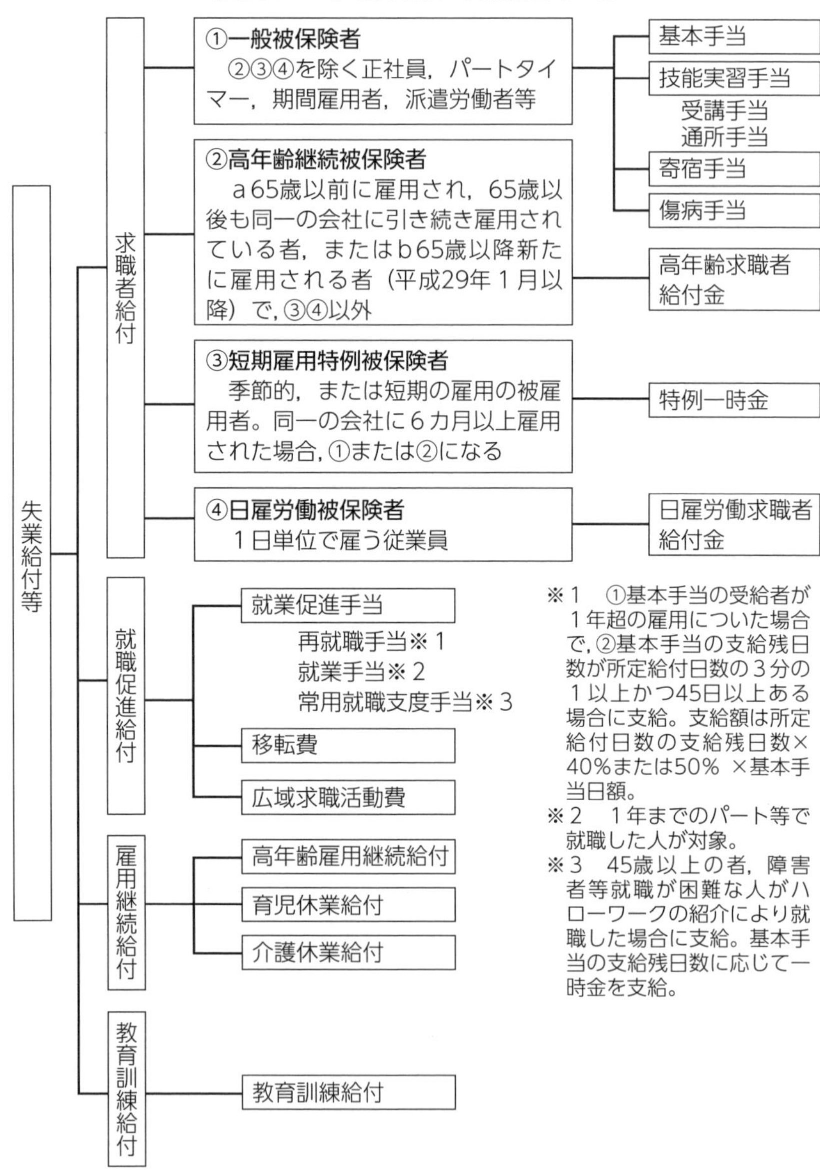

2　求職者給付（基本手当等）の対象者，給付の日額・日数

1．基本手当等の受給要件

Ｑ３　在職中，どのくらいの期間，雇用保険に加入していれば，失業した場合に，基本手当等を受け取ることができるのでしょうか。

Ａ３　その労働者の離職理由により，次の⑴〜⑶のように異なります。

⑴　特定受給資格者（倒産・解雇等による離職者）の場合

特定受給資格者が基本手当を受け取るには，会社を辞めた日（離職日）以前の１年間に，雇用保険に加入していた期間（被保険者期間）が６カ月以上あることが必要です（図表８－３）。

【図表８－３】被保険者期間の計算のしかた

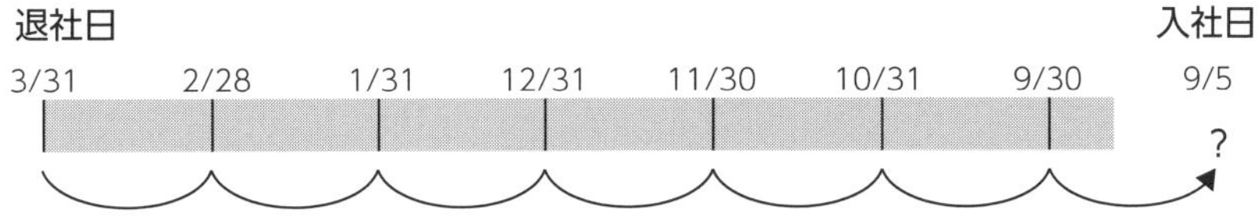

離職日から１カ月ごとに区切っていた期間に，賃金支払の基礎となる日数が11日以上ある月，または，賃金支払の基礎となった労働時間数が80時間以上ある月を１カ月として計算（下線部は令和２年８月１日以降の算定方法）。

⑵　転職した特定受給資格者の場合

Ａ社に２カ月間勤務した人が倒産・解雇等により離職した場合に，この人がＡ社の前にＢ社に４カ月勤務しており，その両方を通算した６カ月が，Ａ社を辞めた日からさかのぼって１年以内であれば，基本手当を受け取ることができる。

⑶　一般受給資格者（自己都合・定年・契約期間満了等による離職者）の場合

離職の日以前の２年間に，雇用保険に加入していた期間が12カ月以上あれば，基本手当を受け取ることができます。

上記⑴～⑶のいずれの者についても，在職中に１週間の所定労働時間が20時間以上であった離職者に限られます。また，「１カ月に賃金支払いの基礎となる日が11日以上である月」または，「賃金支払の基礎となった労働時間数が80時間以上ある月」または，「賃金支払の基礎となった労働時間数が80時間以上ある月」を「１カ月」として計算します（令和２年８月１日以降）。

２．基本手当の日額・給付日数

Ｑ２　雇用保険の求職者給付（基本手当）の日額・給付日数を教えてください。

Ａ２　日額は在職中の賃金の45～80％，給付日数は離職理由，その求職者の離職時の年齢，被保険者期間により決まります。

⑴　求職者に支給される基本手当とは

一定以上の加入期間のある雇用保険の被保険者が離職し，仕事に就きたくて求職活動をしていくも就けない失業状態にある場合，一般被保険者に対しては求職者給付の基本手当が支給されます。

⑵　基本手当の日額は

基本手当の日額は，離職前６カ月間の賃金の45～80％です。年齢区分ごとに上限額が定められていて，在職中に賃金が低かった離職者ほど高率になります。

⑶　基本手当の所定給付日数は

基本手当の所定給付日数は，その求職者の離職の理由や離職時の年齢，被保険者期間（雇用保険の被保険者であった期間）等によって決定され，90～360日間とさまざまです（図表８－４）。

【図表８－４】基本手当の所定給付日数

<table>
<tr><th>被保険者であった期間
区分</th><th>１年未満</th><th>１年以上
５年未満</th><th>５年以上
10年未満</th><th>10年以上
20年未満</th><th>20年以上</th></tr>
<tr><td colspan="6">１　倒産･解雇などによる離職者（下記３を除く）：特定受給資格者・特定理由離職者</td></tr>
<tr><td>30歳未満</td><td rowspan="5">90日</td><td>90日</td><td>120日</td><td>180日</td><td>—</td></tr>
<tr><td>30歳以上35歳未満</td><td>120日</td><td rowspan="2">180日</td><td>210日</td><td>240日</td></tr>
<tr><td>35歳以上45歳未満</td><td>150日</td><td>240日</td><td>270日</td></tr>
<tr><td>45歳以上60歳未満</td><td>180日</td><td>240日</td><td>270日</td><td>330日</td></tr>
<tr><td>60歳以上65歳未満</td><td>150日</td><td>180日</td><td>210日</td><td>240日</td></tr>
<tr><td colspan="6">２　自己都合，定年退職などによる離職者（3を除く）：一般離職者</td></tr>
<tr><td>全年齢</td><td>—</td><td colspan="2">90日</td><td>120日</td><td>150日</td></tr>
<tr><td colspan="6">３　障害者などの就職困難者</td></tr>
<tr><td>45歳未満</td><td rowspan="2">150日</td><td colspan="4">300日</td></tr>
<tr><td>45歳以上65歳未満</td><td colspan="4">360日</td></tr>
</table>

⑷　雇用保険給付と厚生年金との調整とは

その求職者が，60歳以上で老齢厚生年金の受給資格もある場合には，この年金と雇用保険給付のどちらか１つを受給している間，ほかの給付は支給停止となります。

雇用保険の基本手当の受給期間は，原則として，離職した日の翌日から１年間に限られているため，まず基本手当を受け取り，その後，老齢厚生年金を受け取るようにするのが一般的です。

3．コロナ禍対応による基本手当の給付日数の延長

Q３　基本手当は，何日間延長されたのですか。

A３　従来の図表８－４の所定給付日数が，60日分（一部の者は30日分）延長されました。

⑴　対象となる者

以下の人で，令和２年６月12日以後に基本手当の所定給付日数が終わる人が対象となります。

離職日	対象者
～令和２年４月７日 (緊急事態宣言発令以前)	離職理由を問わない（全受給者)
令和２年４月８日～令和２年５月25日 (緊急事態宣言発令期間中)	特定受給資格者※1及び特定理由離職者※2
令和２年５月26日～ (緊急事態宣言全国解除後)	新型コロナウイルス感染症の影響により離職を余儀なくされた特定受給資格者※1及び特定理由離職者※2（雇止めの場合に限る)

※１　特定受給資格者：倒産・解雇等の理由により離職を余儀なくされた者
※２　特定理由離職者：①期間の定めのある労働契約が，更新を希望したにもかかわらず更新されなかったことにより離職した者②転居，婚姻等による自己都合離職者
※３　地域にかかわらず，全国一律で上記の日付で判断します。
※４　図表８－４（225頁）の３の就職困難者は，当初から所定給付日数が長いため，対象となりません。

⑵　延長される日数

延長された日数は，60日です。ただし，次の者は30日です。

・35歳以上45歳未満で所定給付日数270日の人

・45歳以上60歳未満で所定給付日数330日の人

⑶　対象とならない場合

上述の特例延長給付は，積極的に求職活動を行っている人が対象となります。そのため，次の①～④のいずれかに該当する場合は，特例延長給付の対象となりません。

①　所定の求職活動がないことで失業認定日に不認定処分を受けたことがある場合

②　やむを得ない理由がなく，失業認定日に来所しなかったことにより不認定処分を受けたことがある場合

③　雇用失業情勢や労働市場の状況などから，現実的ではない求職条件に固執される方等

④　正当な理由なく，公共職業安定所（ハローワーク）の紹介する職業に就くこと，指示された公共職業訓練を受けること，再就職を促進するために必要な職業指導を拒んだことがある場合

特例延長給付の対象となる人は，認定日にハローワークで延長の処理を行いますので，別途申請等の手続きは必要ありません。

４．給付日数に差がある理由

Ｑ４　その受給者により，基本手当の給付日数等に差がつく具体的な理由はなんですか。

Ａ４　倒産・解雇・雇止め（会社側による労働契約更新の拒否）などによる離職の場合には給付日数が長く，自己都合・定年退職などの場合には短くなります。

特に，倒産・解雇等により離職を余儀なくされた「特定受給資格者」や，やむを得ない理由により離職した「特定理由離職者」については，より手厚い給付となります（図表８－５参照）。

【図表８－５】優遇措置

⑴　特定受給資格者の優遇措置とは

チェックポイント
□会社が倒産した
□事業所が縮小・廃止となった
□事業所が移転し，通勤困難
□解雇された（重大な自己責任によるものを除く）
□労働契約の内容と実際の労働条件が著しく違った
□２カ月以上，賃金の一定割合以上が支払われなかった
□急激に賃下げされた
□休業が続いた
□法定基準を超えた長時間の時間外労働を強いられていた
□健康を害するおそれがある状態を改善してもらえなかった
□期間の定めのある労働契約の更新が繰り返され３年以上勤めていた，あるいは契約の際に更新が明示されていたにもかかわらず，突然契約終了に追い込まれた
□セクハラ，パワハラがあった
□退職勧奨に応じて退職した（「早期退職優遇制度」等に応募して離職した場合を除く）
□違法な業務に就かされた

↓

上記項目のうち，１つでもあてはまれば「特定受給資格者」に該当する。当初３カ月間*の給付制限（停止）はなく，被保険者期間（勤続年数）によっては一般の離職者よりも給付日数が長くなる。

⑵　**コロナ関連の離職者も「特定受給資格者」として優遇**

令和２年５月１日以降に，以下の理由により離職した人は「特定受給資格者」として，雇用保険求職者給付の給付制限がなくなり，所定給付日数が手厚くなる場合があります。現在，給付制限中の人も，この特例措置を受けることができます。また，離職以前１年間に６カ月以上被保険者期間があれば，受給資格決定ができる可能性があります。

【特定受給資格者の範囲】

本人の職場で感染者が発生したこと，または本人もしくは同居の家族が基礎疾患を有すること，妊娠中であることもしくは60歳以上の高齢であることを理由に，感染拡大防止や重症化防止の観点から自己都合離職した場合

（基礎疾患とは）

糖尿病，心不全，呼吸器疾患等の基礎疾患を有する者のほか，透析を受けている者ならびに免疫抑制剤及び抗がん剤等を用いている者を含む。

⑶　特定理由離職者の優遇措置とは

A　非正規労働者の雇止め
期間の定めのある労働契約で，「契約の更新をする場合がある」などと示され，労働者もそれを希望していたが，契約期間の終了時に更新がなかった。

B　正当な理由のある自己都合による離職者
自己都合による離職でも，体力の不足，ケガや病気，家族の介護をはじめとする家庭の事情等，正当な理由があると認められる場合。

↓

①当初３カ月間*の給付制限（停止）がない。
②所定給付日数が特定受給資格者と同様になる（離職日が一定期間の間の者に限定される）。
③正当な理由のある自己都合による離職者は，離職前１年間の被保険者期間が６カ月以上で，特定受給資格者と同じ取扱いになる。

⑷　コロナ関連の自己都合離職者も「特定理由離職者」として優遇

令和２年２月25日以降に，以下の理由により離職した人は「特定理由離職者」として，雇用保険求職者給付の給付制限を受けません。すでに給付制限期間中の人も，給付制限期間が適用されない特例措置があります。

【特定理由離職者となる場合】

①　同居の家族が新型コロナウイルス感染症に感染したことなどにより看護または介護が必要となったことから自己都合離職した場合

②　本人の職場で感染者が発生したこと，または本人もしくは同居の家族が基礎疾患を有すること，妊娠中であること，もしくは高齢であることを理由に，感染拡大防止や重症化防止の観点から自己都合離職した場合

③　新型コロナウイルス感染症の影響で子（小学校，義務教育学校*1，特別支援学校*2，放課後児童クラブ，幼稚園，保育所，認定こども園などに通学，通園するものに限る）の養育が必要となったことから自己都合離職した場合

＊１小学校課程のみ　＊２ 高校まで

〈雇用保険求職者給付の手続きが済んだ人へ〉

○　給付制限期間に入っている人（待期満了後の人）は，失業の認定を受けることができます。

○　ハローワークから指定された失業認定日（「雇用保険受給資格者証」に記載があります）にかかわらず，早い時期から給付が受けられる可能性があります。ハローワークまたは都道府県労働局に相談してください。

＊　令和２年10月１日以降に離職した人は，正当な理由がない自己都合による離職であっても，５年間のうち２回までは給付制限期間が２カ月となる。詳しくはＱ３を参照。ただし，令和２年９月30日までに正当な理由がない自己都合によりで離職した場合，および自己の責めに帰すべき重大な理由で離職した場合は，給付制限期間は３カ月。

3　基本手当の上手な受け取り方

1．受給資格の決定方法

Ｑ１　基本手当の受給資格を決定する方法について教えてください。

Ａ１　ハローワーク（公共職業安定所）の窓口で，「求職活動をしているが，就職できない」を確認されたうえで，受給資格が決定されます。

⑴　受け取ることができるのは求職活動者のみ

雇用保険の基本手当は，その離職者が①一定期間以上の被保険者期間（勤務し，保険料を支払っていた期間）があることに加え，②十分に働ける状態である人が，働く場を求めて求職活動しているにもかかわらず失業の状態にあることが要件です。

働くことができない，あるいは積極的な求職活動をしていない人は，基本手当は受け取ることができません。

⑵　基本手当を受け取ることができる人（受給資格のある人）とは

次の①と②の要件を満たしている人です。

①　離職の日以前の一定期間に，一定以上の被保険者加入期間があること

１）　特定受給資格者および特定理由離職者

離職の日以前１年間に，被保険者期間（勤務期間）が通算して６カ月以上

２）　１）以外の者

離職の日以前の２年間に，被保険者期間が通算して12カ月以上

●Point　賃金支払いの基礎となる日数（勤務日数）が11日以上あった月を「１カ月」として計算する。

②　働く意思や能力，努力に反して「失業」の状態にあること

就職しようとする積極的な意思と，いつでも就職できる能力があり，ハローワークで求職の申込みし，求職活動を行っているが，本人やハローワークの努力にもかかわらず，職業に就けない「失業の状態」にあること。

⑶　基本手当を受け取ることができない人とは

Ａ　上記⑵①の被保険者期間が足りない人，または

Ｂ　上記⑵①の期間は足りているが，図表８－６のように上記⑵②に反する人，です。

【図表８－６】働く意思，能力，状態にない者

①　病気やケガ，妊娠・出産・育児，親族の看護専念等のため，すぐに就職できない
②　定年等で退職して，しばらく休養する
③　結婚により家事に専念する
④　自営業（準備を含む）を始めた
⑤　すでに新しい仕事に就いた（パート，アルバイト等を含み，収入の有無を問わない）
⑥　会社・団体の役員に就任した（就任予定や名義だけの場合も含む）
⑦　学業に専念する

⑷　基本手当を受け取ることができない人へのアドバイス

①　基本手当を受け取ることができない人（図表８－６）のうち同図表の①，②の人については，受給期間（雇用保険の基本手当を受けることができる

期間）を延長できる制度があります。基本手当の受給期間は，離職した日の翌日から原則１年です。しかし，同図表の①と②の理由でその間に30日以上働くことができないときは，ハローワークに申し出て手続きをとれば，その日数分だけ，受給期間を延長することができます。

② 新型コロナウイルスの感染拡大防止の観点から，ハローワークへの来所を控える人，一定の症状のある人，新型コロナウイルス感染症の影響で子の養育が必要となった人等についても，受給期間の延長が可能です。

③ すでに再就職が決まっている人は，失業状態ではないので，基本手当を受け取ることができません。ただし，受給期間中に再就職先を退職するなどして再び失業状態になったときは，その時点で受給手続きが可能な場合があるので，離職票は大切に保管しておきましょう。

なお，会社を辞めた日の翌日から１年以内に，基本手当をまったく受給しないで，再就職し再び雇用保険の被保険者になった場合は，前の会社での「被保険者として雇用された期間」と再就職後の「被保険者として雇用された期間」が通算されます。再就職先に「雇用保険被保険者証」を提出して下さい。

２．基本手当を受け取る手順とその期間

Ｑ２　会社を離職した社員が基本手当を受け取るまでの手順，受け取るまでの期間について教えてください。

Ａ２　まず，会社から離職票をもらい，ハローワークに，その離職票その他の必要書類を提出して，求職申込みをすることが必要です。

⑴ 会社離職から基本手当を受け取るまでの手順とその期間は

手順は図表８－７－１のとおりです。

離職してから基本手当を受け取るまでの期間は，倒産・解雇による離職者で，離職後１カ月半程度です。また，自己都合退職者で，離職後約４カ月程度です

（原則）。

令和２年10月１日から適用された，「給付制限期間」が２カ月に短縮される点については，次のＱ３を参照してください。

【図表８－７－１】離職者が基本手当を受け取るまでの手順（原則）

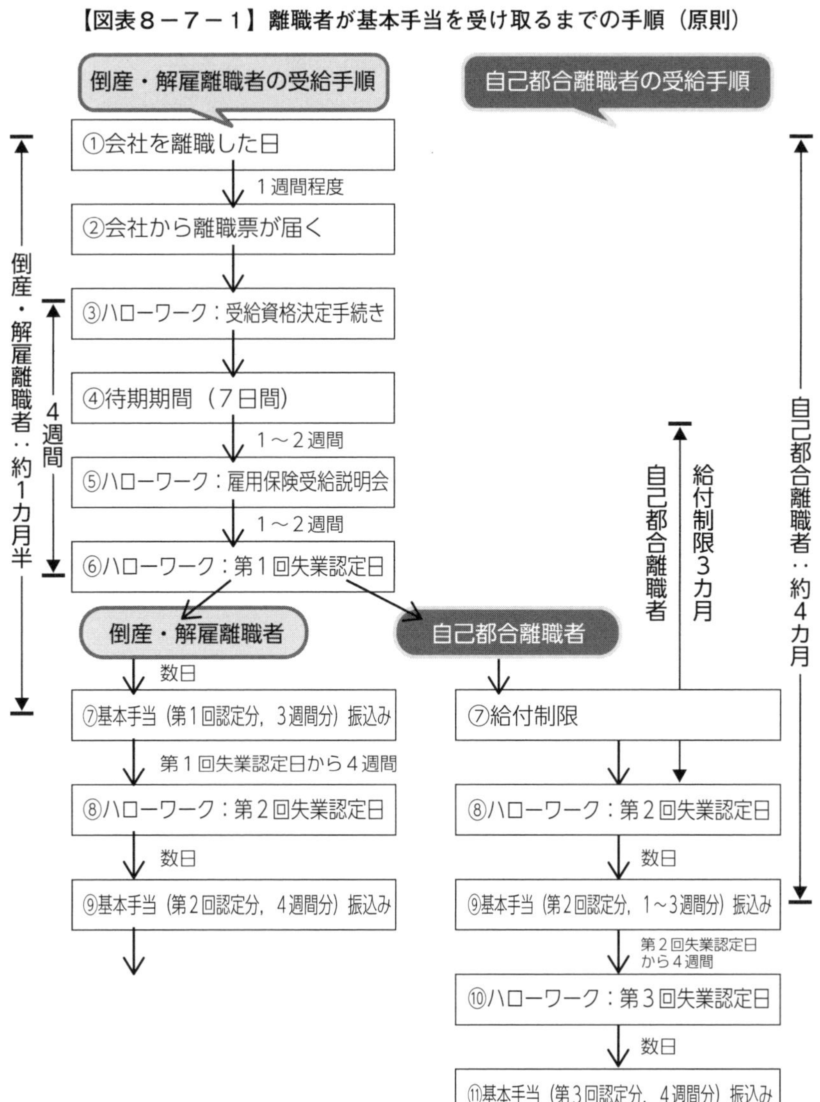

⑵　まず，ハローワークに求職申込みを

基本手当を受け取るためには，まず，自分の住所地を担当するハローワークに図表８－７－２の書類等を提出し，求職（再就職先の会社を探すこと）の申込みをすることが必要となります。

【図表８－７－２】受給資格決定の際の必要書類

①　雇用保険被保険者離職票１・２
②　雇用保険被保険者票
③　印鑑
④　住民票または運転免許証（その他住所と年齢を確認できる官公署発行の書類）
⑤　写真１枚（3cm×2.5cm程度の正面上半身のもの）
⑥　本人名義の普通預金通帳（外資系金融機関以外のもの）

３．給付制限期間の短縮措置

Ｑ３　給付制限期間は，どのように短縮されたのですか。

Ａ３　給付制限とは，その求職者に対する基本手当の支給が全面的に停止されることです。
この期間が，一定の場合については，従来の「３カ月」から「２カ月」に短縮されました。

図表８－７－１の右欄の自己都合離職者の受給手順のうち，令和２年10月１日以降に離職した人は，正当な理由がない自己都合により離職した場合であっても，５年間のうち２回までは，給付制限期間が従来の「３カ月」から「２カ月」へ短縮されます。

なお，令和２年９月30日までに正当な理由がない自己都合により離職した場合，自己の責めに帰すべき重大な理由で離職した場合は，従来どおり３か月と

なります。詳しくは，お近くのハローワークや，都道府県労働局までお問い合わせください。

【図表８－８】給付制限期間の短縮

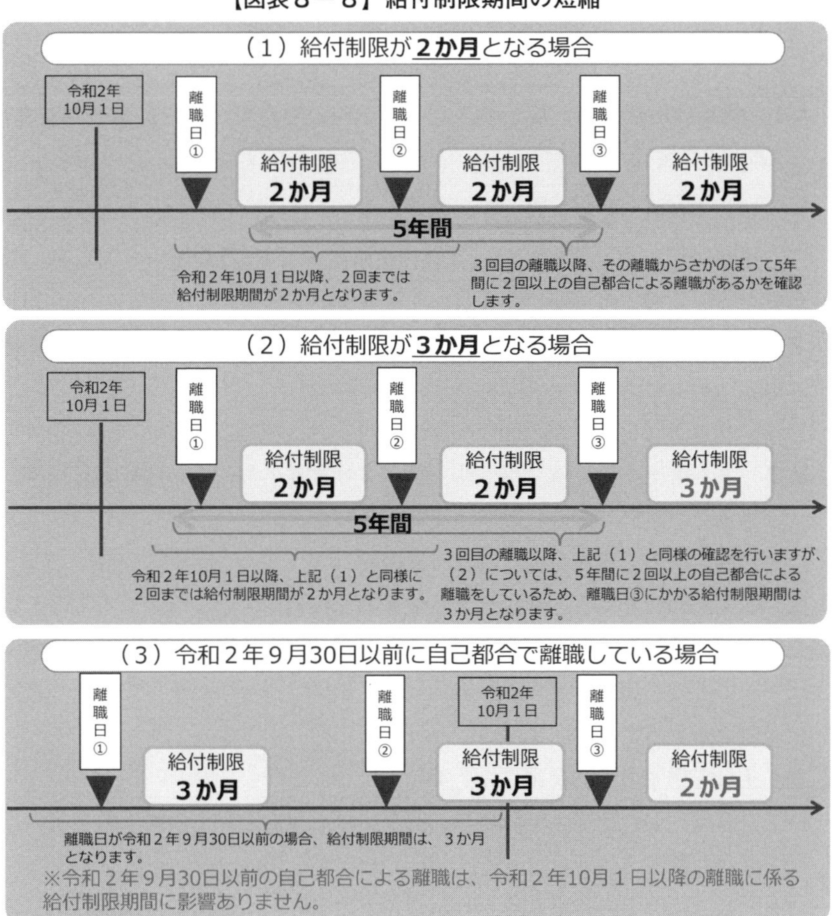

出典：厚生労働省HP

4．基本手当を早く，長期日数受け取る方法

Q４　基本手当を早く，長期日数受け取る方法について教えてください。

A４　離職理由が解雇・雇止め，正当な理由のある自己都合退職などであることです。

①　その労働者の会社を離職する理由が，

Ａ「解雇・雇止め（使用者による契約更新拒否），正当な理由のある自己都合退職など」であると，

Ｂ「正当な理由のない自己都合・定年・契約期間満了など」である場合に比べて，

1）基本手当を，最長で90日～180日分長く受け取ることができる。

2）基本手当を受け取りはじめる当初３カ月間（令和２年10月１日以降は当初２カ月間）の給付制限（支給停止）がない。

などの利点があります。

②　上記①のようにＡの理由による離職者を優遇しているのは，本人は引き続き雇用継続して働きたいにもかかわらず，本人に責任のない会社側の理由その他の事情で，突然，一方的に，あるいはやむなく仕事を失うことになったからです。

③　その労働者の離職理由については，

1）まず，会社が当人の離職票に必要事項を記載し，その離職票を当人に送付します。

2）当人は，その離職票をハローワークに持参して提出し，求職の申込みをし，雇用保険の受給資格決定の手続きを行います。

3）上記2）の際に，ハローワークの担当官が，当人が提出した離職票に記載されている「離職理由」にもとづいて判断し，基本手当の給付日数，給付制限（給付当初の３カ月間の支給停止：令和２年10月１日以降は当初２カ月間）を行うか否かを判断し，決定します。

④　雇用保険の求職者給付（基本手当等）を受け取ることを希望する離職者は，次の点に十分注意して行動してください。

1）会社を離職する場合には，できれば，前記Ａ（解雇・雇止め・正当な理由のある自己都合退職など）の理由で離職すること。

2）会社の離職票を作成・交付する担当社員に，上記の①のＡの理由で離職した旨の記載をするように確認すること。

3）会社から「離職票」が自宅に送付されたら，「離職理由」の記載内容を確認し，事実と違っていたら，事実どおりに記載内容を修正してもらうこと。

4）会社に修正を依頼しても修正してくれない場合には，ハローワークで雇用保険の受給資格決定手続きを行う際に，担当官に事情を話して，真実の離職理由として判断・決定してもらうこと。

4　労働者に対する国の未払賃金立替払事業

1．労働者に対する国の未払賃金立替払事業とは

Q　国が労働者に支給する賃金立替払事業の対象事業主・労働者，受給金額，受給手続きについて教えてください。

A　会社が倒産し，賃金，退職金を会社から受け取っていない労働者は，国から，その8割を立替払いとして受け取ることができます。

(1)　国の未払賃金立替払事業というのは

この事業は，企業が倒産したり，経営者が失踪した場合において，一定の期間内にその企業から退職した労働者への会社の未払賃金があるときに，その労働者の請求にもとづき，未払賃金のうち一定の範囲のものを，国（労働者健康福祉機構）が事業主に代わって立替払いするものです（賃金支払確保法7条)。国は，その後，立替払いをした金額について，賃金未払い事業主に対して支払いを請求します（求償権を行使します)。

(2)　事業主の要件は

労働者が国から賃金の立替払いを受け取るためには，その労働者を雇用している事業主が，図表8－9のすべての要件に該当することが必要です。

(3)　労働者の要件は

労働者は，図表8－10の要件に該当することが必要です。「未払賃金」とは，退職前一定期間内の定期給与（賞与等は除きます)，および退職金のうち支払期日の経過後まだ支払われていないものをいいます。

⑷　立替払いを受け取ることができる金額は

労働者が立替払いを受け取ることができる金額は，上記⑶の未払賃金のうちの８割です。その限度額はその労働者の年齢により図表８－11のように異なっています。

⑸　労働者の受給手続きは

未払賃金を立替払いとしてして受け取りたい労働者は，破産管財人，裁判所，または労働基準監督署のいずれかから「賃金未払証明書」を受け取り，その書類を労働基準監督署を通じて労働者健康福祉機構に送付して，請求します。なお，請求方法については，最寄りの労働基準監督署に問い合わせてください。

【図表８－９】賃金立替払いについての事業主の要件

①　その事業が労災保険の適用事業に該当すること
②　１年以上その事業を行っていたこと
③　その事業が，「破産手続き開始」など一定の倒産事由に該当することとなったこと，または中小企業事業主について，退職労働者の申請にもとづき，「事実上の倒産である」と労働基準監督署長が認定したこと

【図表８－10】賃金立替払いについての労働者の要件

①　一定期間内に事業から退職したこと
　一定期間内とは，例えば，法律上の倒産であれば，「破産等の申立てがあった日の６カ月前」から２年間です。
②　未払いの賃金（賞与等を除く），または退職金があること

【図表８－11】労働者の年齢区分別賃金立替払いの限度額

①	30歳未満	88万円
②	30歳以上45歳未満	176万円
③	45歳以上	296万円

第9章

雇用調整助成金（休業給付）の上手な受け取り方 ～新型コロナウイルス不況対応中の労働者の休業に伴う，事業主に対する助成金～

◆はじめに

第９章は，雇用調整助成金（休業給付）の緊急対応期間（令和２年４月～３年３月末日））に，事業主が労働者に休業（自宅待機）を命令・実施し，労基法26条に定める休業手当（平均賃金日額の60％以上）を支払った場合に，国からその事業主に対して支給される助成金のあらましをわかりやすく解説するものです（令和３年１月29日現在の法令等および一部報道に基づきます）。

1　事業主に支給される国の各種助成金の受け取り方

1．事業主に支給される国の各種助成金の受け取り方

Q　事業主に支給される国の各種助成金の上手な受け取り方を教えてください。

A　各事業主は，受け取りそこねないように，早めに，それぞれの助成金の受給要件と申請方法をチェックしてください。

⑴ 思い立ったらすぐに申請

図表9－1に示すように，雇用労働については，じつにさまざまな事業主に対する国の助成金が設けられています。

事業主が助成金を受給するためには，受給要件を満たしていることと，正しい手順で申請することが必要です。助成金のほとんどは労働保険料を財源にしています。返済する必要はありません。

これらの助成金の種類や受給要件は，しばしば改正されます。また，受給するためには，かなり早い段階で申請しなければならないものも多くあります。自社の事業に関係する助成金がないかこまめに確認し，要件に合致するものがあれば，すぐに必要書類をそろえて申請しましょう（図表9－2）。

【図表9－1】国が事業主に支給する雇用労働関係各種助成金の例

支給の対象措置	給付金名	取扱い機関
雇用の維持等	雇用調整助成金・中小企業緊急雇用安定助成金・残業削減雇用維持奨励金	局
	定年引上げ等奨励金	高障
再就職支援等	労働移動支援助成金	局
新たな雇入れ等	特定求職者雇用開発助成金 地域雇用開発助成金 通年雇用奨励金 派遣労働者雇用安定化特別奨励金 若年者等正規雇用化特別奨励金 発達障害者雇用開発助成金 難治性疾患患者雇用開発助成金 障害者初回雇用奨励金 特例子会社等設立促進助成金 事業協同組合等雇用促進事業助成金	局
トライアル雇用	試行雇用奨励金 精神障害者ステップアップ雇用奨励金及びグループ雇用加算奨励金	局
創業	自立就業支援助成金（受給資格者創業支援助成金）	局
	自立就業支援助成金（高年齢者等共同就業機会創出助成金）	高障

<table>
<tr><td rowspan="2">能力開発等</td><td>職場適応訓練費</td><td>局</td></tr>
<tr><td>キャリア形成促進助成金</td><td>雇</td></tr>
<tr><td rowspan="2">中小企業のための各種給付金</td><td>人材確保等支援助成金</td><td>雇</td></tr>
<tr><td>試行雇用奨励金（技能継承トライアル雇用）中小企業雇用安定化奨励金</td><td>局</td></tr>
<tr><td rowspan="2">介護労働者の雇用管理改善等</td><td>介護基盤人材確保等助成金
介護未経験者確保等助成金
介護労働者設備等整備モデル奨励金</td><td>局</td></tr>
<tr><td>介護雇用管理制度等導入奨励金
介護福祉助成金</td><td>介</td></tr>
<tr><td>パートタイム労働者の均衡待遇推進</td><td>短時間労働者均衡待遇推進等助成金</td><td>21</td></tr>
<tr><td rowspan="3">育児・介護労働者の雇用管理改善等</td><td>中小企業子育て支援助成金
事業所内保育施設設置・運営等助成金</td><td>局</td></tr>
<tr><td>両立支援レベルアップ助成金</td><td>21</td></tr>
<tr><td>育児休業取得促進等助成金</td><td>局</td></tr>
<tr><td>建設労働者の雇用改善等</td><td>人材確保等支援助成金</td><td>雇</td></tr>
<tr><td>障害者の雇用の促進及び雇用の継続</td><td>害者雇用納付金制度に基づく助成金</td><td>高障</td></tr>
</table>

局…都道府県労働局または公共職業安定所（ハローワーク）　雇…雇用・能力開発機構都道府県センター　高障…高齢・障害・求職者雇用支援機構，都道府県高年齢者雇用開発協会　介…介護労働安定センター地方支部　21…21世紀職業財団地方支部

【図表９－２】助成金の上手な受け取り方

ポイント１　情報の収集	ポイント２　行動はすばやく
人事労務管理上の措置をおこなう前に，関係する助成金があるかどうか，厚生労働省のホームページ等で確認してみる。期間をかぎって業種・地域の指定，受給要件の緩和等が実施される場合もあるので，こまめにチェック。疑問点は申請機関に率直に質問する。	その年度ごとに予算枠が決められているので，年度末になると助成金として支給する予算が残っていない場合がある。すぐに申請を。
ポイント３　書類は正確に	**ポイント４　計画どおり実施**
申請に必要な書類は，各申請機関が用意する様式に従う。	申請書類に書いた計画，見込みどおりに措置を実施したかどうかについて，後日，裏づけをとられることがある。

申請に必要な様式は，ダウンロードしてプリントできる。

2　雇用調整助成金（新型コロナウイルス対応の休業給付）の早わかり

1．雇用調整助成金（休業給付）のあらまし

Q１　この助成金のあらましを教えてください。

A１　コロナ対応の特例として，中小企業には，事業主が労働者に支払った休業手当の100％が助成されます。

⑴　雇用調整助成金（休業給付）とは

企業が，労働者を一時的に休業させて，労働基準法に定める休業手当（平均賃金日額の60％以上）を支払った場合に，その事業主に対して国が助成する制度です。

⑵　助成率は

新型コロナの感染症拡大に伴い，特例として助成率を引き上げました。具体的には，労働者を１人も解雇しない中小企業の場合は100％（通常66％），大企業の場合は75％（同50％）〔一部の大企業には最大100％〕を補助します。

⑶　助成金額の上限は

助成金の支給には，労働者１人当たり「１日15,000円」の上限があります。

⑷　雇用調整助成金の申請先・問い合わせ先は

もよりのハローワーク（公共職業安定所），または都道府県労働局です。

⑸　支給申請に必要な書類（休業給付）

下記図表９－３のとおりです。令和２年５月19日からは，計画届は提出不要

となりました。

【図表9－3】支給申請に必要な書類（休業）

	書類名	備考
①	様式新特第4号 雇用調整事業所の事業活動の状況に関する申出書	【添付書類】 月ごとの売上などがわかる書類 ※売上簿や収入簿，レジの月次集計など（既存書類の写しで可）
②	様式新特第6号 支給要件確認申立書一役員等一覧	役員名簿を添付した場合は役員等一覧の記入は不要
③	様式新特第9号 休業・教育訓練実績一覧表	自動計算機能付き様式
④	様式新特第8号 助成額算定書	自動計算機能付き様式 ※所得税徴収高計算書を用いる場合は，当該計算書を添付
⑤	様式新特第7号 （休業等）支給申請書	自動計算機能付き様式
⑥	休業協定書	【添付書類】 （労働組合がある場合）組合員名簿 （労働組合がない場合）労働者代表選任書(※) ※実績一覧表に署名又は記名・押印があれば添付資料省略可
⑦	事業所の規模を確認する書類	事業所の従業員数や資本額がわかる書類 ※既存の労働者名簿および役員名簿で可 ※中小企業の人数要件を満たす場合、資本額がわかる書類は不要
⑧	労働・休日の実績に関する書類	休業させた日や時間がわかる書類 ※出勤簿，タイムカード，の写しなど（手書きのシフト表などでも可）
⑨	休業手当·賃金の実績に関する書類	休業手当や賃金の額がわかる書類 ※賃金台帳や給与明細の写しなど

注1：①，⑥，⑦は2回目以降の提出は不要（ただし，⑥は失効した場合，改めて提出が必要）

注2：小規模事業主（従業員がおおむね20人以下）の方は，「小規模事業主向け雇用調整助成金支給申請マニュアル」で申請に必要な書類を確認してください。

2．コロナ対応特例措置の拡充の内容

Ｑ２　新型コロナウイルス感染症についての雇用調整助成金（休業給付）の特例措置の拡充の内容は，どのようなものですか。

Ａ２　新型コロナウイルス感染症についての特例措置として，令和２年４月１日から令和３年３月末までを緊急対応期間と位置づけ，感染拡大防止のため，この期間中は全国においてさらなる特例措置が実施されています（令和３年１月29日現在）。

【図表９－４】コロナ特例の内容

特例以外の場合の雇用調整助成金	令和2.4.1～同3.3.31までの期間感染拡大防止のため，この期間中は全国で以下の特例措置を実施
経済上の理由により，事業活動の縮小を余儀なくされた事業主	新型コロナウイルス感染症の影響を受ける事業主（全業種）
生産指標要件（３カ月10％以上減少）	生産指標要件を緩和（１カ月５％以上減少）
雇用保険の被保険者が対象	雇用保険被保険者でない労働者の休業も助成（緊急雇用安定助成金（4/1創設））
助成率　2/3（中小）1/2（大企業）	助成率　4/5（中小），2/3（大企業） ※解雇等を行わず，雇用を維持している場合，10/10（中小），3/4（大企業）*
日額上限額　8,370円	日額上限額　15,000円
計画届は事前提出	計画届は提出不要
１年のクーリング期間が必要	クーリング期間を撤廃
６カ月以上の被保険者期間が必要	被保険者期間要件を撤廃
支給限度日数１年100日，３年150日	同左＋上記対象期間
短時間一斉休業のみ	短時間休業の要件を緩和
休業規模要件　1/20（中小），1/15（大企業）	あわせて，休業規模要件を緩和1/40（中小），1/30（大企業）
残業相殺	残業相殺を停止

教育訓練が必要な被保険者に対する教育訓練 ・助成率　2/3（中小）1/2（大企業） ・加算額1,200円	助成率　4/5（中小），2/3（企業） ※解雇等を行わず，雇用維持をしている場合， ・10/10（中小），3/4（大企業）* ・加算額2,400円（中小），1,800円（大企業）
出向期間要件　３カ月以上１年以内	緊急対応期間に開始した出向については，出向期間要件 １カ月以上１年以内

＊一部の大企業には最大10/10

３．国のコロナ対応特例措置についての今後の対応方針

Ｑ３　この特例措置は，いつまで続けられるのですか。

Ａ３　現地点の状況では，日本政府の発表によると，令和３年３月末まではこの特例措置が継続され，令和３年４月以降は段階的に縮減される予定です（令和３年１月29日現在）。

厚生労働省は，令和３年４月以降は，休業者数・失業者数が急増するなど雇用情勢が大きく悪化しない限り，上記の雇用調整助成金の特例措置等については，段階的な縮減を行っていくとしています。

つまり，コロナ特例措置の終了後は，図表９－４の左側の内容で支給されることになります。

(注)

雇用調整助成金（休業給付）の受給手続きなどの詳細については，厚生労働省ホームページ，ハローワークなどで次の資料を確認してください。

雇用調整助成金ガイドブック（簡易版）～雇用維持に努力される事業主の方々へ～（緊急対応機関（令和２年４月１日～12月31日)），厚生労働省・都道府県労働局・ハローワーク（公共職業安定所），令和２年12月28日現在

第10章

労使間トラブルの相談・解決の方法

第10章では，本書でこれまで述べてきた退職，解雇，雇止め，労働条件の引下げ，人事異動その他をめぐる会社と従業員との間のトラブルの相談にのってくれる労働行政機関，無料・低額のあっせん・解決機関と利用方法，さらには，労働組合との団体交渉の進め方等について説明します。

労使間トラブルが民事訴訟になると，会社と労働者の双方に長い時間，多くの労力，高い弁護士費用等がかかります。そのうえ，民事訴訟を数年間続けても，最後は裁判上の和解で決着するケースが多くあります。そうであれば，ぜひ，本章の2で紹介する機関・方法を有効に利用して解決してください。

1　労働行政機関による相談・解決

Q　社内のトラブル解決を労基署やハローワークに相談した場合，弁護士や社労士に比べてどんなメリットがありますか。

A　無料で相談・解決にのってくれる専門スタッフがそろっています。秘密は厳守されます。

(1) 賃金・退職金・休業手当・解雇予告手当・労働条件の相談は労基署

労働行政を担当する労働行政機関は，会社にとって身近な存在です（図表10－1）。

とりわけ，かかわる機会が多い労働基準監督署は，会社に対するお目付け役というだけでなく，頼れる無料の相談先でもあります。会社が従業員との間でトラブルを生じやすい，解雇，休業手当の支払い義務等に関する相談などを受け付けていますので，困ったときには足を運んでみるとよいでしょう。

【図表10－1】それぞれ担当がある労働行政機関

公共機関名	担当業務内容
①労働基準監督署 都道府県労働局の直轄機関。全国各地に置かれ，管轄（担当）区域がある。労働基準関係法令にもとづき行政を行う。	●賃金・退職金の不払い，最低賃金，倒産企業の賃金の立替払いほか ●労働時間，休憩，休日（時間外・休日労働の限度，割増賃金の支払い，時間外労働協定ほか） ●労基法，最賃法，安衛法，労働契約法等の法律相談 ●労働者，家族等から会社の法違反の申告受理，解決 ●就業規則，労使協定のつくり方の相談，届出受理 ●労災保険の適用，給付 ●ケガ，災害の防止 ●家内労働，最低工賃
②公共職業安定所（ハローワーク） 都道府県労働局の直轄機関。職業紹介，失業給付などを行う行政機関。世代や属性によって形態は多様化。30歳未満を対象とした『ヤングハローワーク』，子供をもつ女性を対象とした『マザーズハローワーク』など，さまざまな出先機関がある。	●雇用調整助成金その他の助成金の支給 ●大量雇用変動届の受理 ●求人，求職の受理，職業紹介，職業相談 ●雇用保険の加入，給付の支払い ●適性検査の実施 ●障害者，高齢者，外国人の職業紹介，人事労務管理の相談指導 ●各種助成金の支給 ●雇用保険の加入，給付の支払い ●職業訓練の受講に関すること ●国の職業紹介機関に関すること

③都道府県労働局需給調整課 職業安定法・労働者派遣法にもとづき，指導，調査，摘発を行う。	●人材派遣会社，人材あっせん会社の許可・届出の受理 ●派遣労働者の相談，行政指導，立入調査 ●偽装請負等の派遣法・職安法違反の摘発
④都道府県労働局雇用環境・均等部（室） 労働基準法（女性や年少者に関する部分のみ）や，男女雇用機会均等法，育児・介護休業法，女性活躍推進法，パート・契約社員法，次世代育成支援法にもとづいて，女性労働者や年少者の労働環境を整えるための相談や行政指導を行う。	●働くうえでの男女差別，セクハラ・パワハラ等の問題 ●育児・介護休業，女性労働者の母性保護，健康管理の問題 ●その他女性労働者に関すること ●育児・介護雇用安定助成金のもらい方 ●年少者の労働問題 ●契約社員・パートタイム労働の問題 ●女性の地位向上
⑤都道府県庁内の職業能力開発担当課，職業能力開発校	●職業訓練，技能検定
⑥都道府県労働委員会	●労働組合，団体交渉，ストライキ等
⑦労政事務所（都道府県庁の出先機関）	●人事，労務，労働問題全般（上記①から⑥までの各機関が担当していることを含みます）の相談

最近，労基署には，従業員や家族等から会社の法違反の申告（解決依頼）が激増しています。経営者は，日ごろから従業員との意思疎通をよくし，法令順守を徹底させましょう。

⑵　雇用調整助成金・雇用保険の失業給付はハローワーク（公共職業安定所）

ハローワークでは，企業からの大量雇用変動届の受理，企業に対する雇用調整助成金，その他の補助金の支給，失業者に対する雇用保険給付（基本手当等）の支給企業からの求人受理，労働者からの求職受理，職業紹介などの雇用・失業対策を行っています。

⑶ 労働行政機関の相談窓口はいろいろ

労働行政機関は，それぞれ担当する分野が違います。労基署だけでなく，都道府県労働局需給調整課等，都道府県労働局雇用環境・均等部（室）その他の機関で，担当する分野の問題についての相談に応じています。

2　会社の個別労働紛争（民事トラブル等）の解決手段

1．解決手段は多種・多様

Q1　会社の個別労働紛争（民事トラブル等）の解決手段について教えてください。

A1　図表10－2の①～⑨のものがあります。

会社と従業員（または元従業員）との間の退職・解雇，労働条件等をめぐるトラブルを，調停，訴訟等の方法で解決する手段としては，図表10－2の①～⑨の制度があります。

最近は，さまざまな訴訟外解決制度（図表10－2の①～⑦が設けられています。これらの制度は，訴訟制度（図表10－2の⑧，⑨）に比べて，1）費用が無料，あるいは低額ですむ，2）争いを短期間で解決できる，3）解決のために使用者が労働者側に支払う金額がおおむね妥当な水準に決まる，というメリットがあります。

会社側と従業員，またはその代理人とで示談の話し合いをしても解決できないときは，これらの制度を利用しましょう。特に，図表10－2の①から⑤までの方法は無料ですし，短期間で解決できるので，利用をおすすめします。

【図表10－2】主な個別労働紛争解決制度とその特徴

	制度名・担当機関・取扱分野	特徴
1 訴訟外解決制度	①　都道府県労働局の個別労働紛争解決システム（民事の個別労働紛争全般）	無料，迅速，公平，労使当事者のみで対応できる。（弁護士等に依頼しなくてもよい）
	②　雇用環境・均等部（室）（都道府県労働局内）の男女雇用均等法についての相談・調停（仕事上の男女差別，セクハラ，母性健康管理）	
	③　雇用環境・均等部（室）（都道府県労働局内）のパート・契約社員法等についての相談・調停）	
	④　都道府県労働委員会によるあっせん（民事の個別労働紛争全般），不当労働行為の救済，労働争議のあっせん・調停	
	⑤　都道府県独自（労働相談センター等）の労働相談・あっせん（民事の個別労働紛争全般）	
	⑥　労働審判（地方裁判所）（民事の個別労働紛争全般）	申立て時に印紙代が必要。弁護士に依頼するのが一般的。解決期間は４カ月程度かかる。
	⑦　民事調停（地方裁判所）（民事の個別労働紛争全般）	申立て時に印紙代必要。
2 訴訟制度	⑧　少額訴訟制度（簡易裁判所）	１回の審理で終了。対象金額60万円まで。
	⑨　民事訴訟（地方裁判所）	判決まで２～３年かかる。原則，弁護士に依頼が必要。

2．使用者はどの紛争解決制度を使ったらよいか

Ｑ２　いろいろある制度のうち，使用者（会社）はどの紛争解決制度を使ったらよいでしょうか。

Ａ２　そのトラブルの内容，程度等に応じて使い分けてください。

⑴　各制度に共通する解決の手順は

各制度を利用して個別労働紛争を解決する手順は，図表10－３のように，ほぼ共通しています。

⑵　各制度の異なる点は

①　利用料金は無料か否か

都道府県労働局，地方自治体等に設けられている制度（図表10－２の①～⑤）の利用料金は無料です。他方，裁判所を利用する労働審判，訴訟等（図表10－２⑥～⑨）には申立てに印紙代が必要です。

②　弁護士に依頼するか否か

図表10－２のすべての制度について，会社側はその役職員，労働者側は本人がみずから事件の申立て，陳述等を行うことが認められています。

もちろん，弁護士に委任することもできますが，その費用が必要になります。図表10－２のうち，④都道府県労働委員会によるあっせん・調停，不当労働行為の救済手続き，⑥労働審判，⑨民事訴訟については，ほとんどの場合，弁護士に委任しています。

③　労使当事者の出席回数，事件解決までに要する期間は

都道府県労働局，地方自治体の行うもの（図表10－２の①～⑤）については，１回ないし数回の出席，２カ月程度で結論が出ます。⑥労働審判は，出席３回，４カ月程度で結論が出ます。⑧少額訴訟は，原則，１回で結論が出ます。

他方，⑨民事訴訟では，２カ月に１回程度法廷に出廷し，２～３年間程度かかります。さらに，労使当事者の一方または双方が高等裁判所への控訴，最高裁判所への上告を行うと解決期間が長くなります。

④　労使当事者への強制力は

訴訟（図表10－２の⑧，⑨）の判決，⑥労働審判の審判には強制力があります。その他の機関のあっせん・調停等については，その案解決を受け入れるか否かは，労使当事者の自由です。

【図表10－３】各個別労働紛争解決制度に共通する手順

①　労使当事者から制度利用の申入れを受け付ける。

↓

②　各制度の担当者（調停委員，裁判官等）が労使当事者に対して，事実関係，双方の主張を確認する。

↓

③　労使双方に譲歩をうながし，合意を図る。場合によっては，あっせん案・和解案を提示する。

↓

④　労使の合意が成立し，事件は解決する。

↓

⑤　調停不成立のため裁判官が審判を下す（労働審判の場合）。

↓

⑥　合意不成立で終了（労働審判以外の場合）。労働審判の場合は，民事訴訟に移行。

⑶　労働者側の行動に応じた対処方法は

労働者本人，またはその委任を受けた弁護士から「労使トラブルの解決について当事者間で直接話し合いたい」，「示談で解決したい」という提案があった場合には，その方法で解決するように努力すべきです。

労働審判や民事訴訟になると，長い時間，多くの労力と弁護士費用等がかかります。労使当事者で自主解決する場合の合意の条件，金額等をどうするかについては，都道府県労働局の総合労働相談コーナーで聞いたらよいです。労働法の専門家からすると，ほとんどの労使トラブルは，法的手続きで勝敗を決しなくても，現行の法規定や判例から判断すると，争う前におおよその勝敗の結果は判断できます。

また，労使双方で同行して「都道府県労働局長の指導・助言」を受けたらよいでしょう。それでも自主解決できない場合は，都道府県労働局の紛争調整委員会のあっせんで解決を図りましょう。他方，労働者が労働審判や民事訴訟を申し立てた場合には，使用者はそれに対応するしかありません。ただし，その場合にも，途中で裁判官から和解の話が出ますので，できればそれに応ずるべきです。そのほうが，審判や判決で提示される金額よりも少ない金額で解決できます。

⑷　会社側が解決方法を自由に選べる場合は

この場合には，できれば労使当事者間の自主解決（示談），それで解決できない場合には，都道府県労働局または地方自治体の無料のあっせん・調停制度（図表10－２の①～⑤）を利用することをおすすめします。

スムーズに行った場合は，１日で解決することも多くあります。他方，専門家である弁護士に依頼して労働審判や民事訴訟で争ったほうが会社に有利な結果になるのではないかと考えがちですが，そのようなことはあまりありません。

ただし，例えば，いわゆる過労死，過労自殺や労災死亡事故など対象金額が高額で困難な事件は弁護士に委任すべきです。

また，使用者側担当者が，弁護士に事件の解決を委任することにより，「専門家である弁護士に頼み，長期間民事訴訟で争った結果，敗訴したのだから判決に従うしか方法はない」と経営トップや社内関係者を説得するための方法として用いるのであれば，それはやむを得ないことでしょう。

3．個別労働紛争解決システムとは

Ｑ３　個別労働紛争解決システムについて教えてください。

Ａ３　①　会社と個々の社員との間で賃金，労働時間，解雇，男女差別その他をめぐってトラブルがある場合は，個別労働紛争解決システム（図表10－４の１～３）を利用することをおすすめします。

②　個別労働関係紛争解決システムは，比較的軽微な紛争を早期に解決するもので，年間100万件を超える利用があります。

③　利用は無料です。最寄りの労基署か，都道府県労働局に問い合せしてください。

⑴　民事事件は労基署では判断できない

会社に労働法令違反がある場合，労働基準監督署，都道府県労働局需給調整課，雇用均等室は，その権限にもとづいて会社を処分，行政指導等します。

例えば，労働基準監督署の認定を得ずに会社が従業員を即時解雇し，解雇予告手当を支払わなかった場合，労基署は労基法20条にもとづき，30日分の解雇予告手当の支払いを命じることができます。

しかし，その解雇に合理性があるか，解雇が有効と認められるかどうかは民事・判例上の問題で，労基法にも判断基準となる規定がないため，労基署では判断・処分できません。

【図表10－4】個別労働紛争解決システムの流れ

対象となるトラブル
●解雇，雇止め，配置転換，出向，昇進，昇格，労働条件にかかわる差別的取扱い
●セクシャル・ハラスメント，パワー・ハラスメント（いじめ等）
●募集・採用に関する差別的取扱い
●労働条件（不利益変更等）に関する紛争
●労働契約（継続，競業禁止特約等）に関する紛争

労働組合と使用者の間の紛争（都道府県庁の労働委員会が担当）や，労働者どうしの紛争は取り扱わない。

1 総合労働相談コーナーで相談

全国の都道府県労働局，労働基準監督署に設けられた相談コーナーで，次のことを行う。
●照会内容に応じた関係法令，判例，紛争解決事例等の情報や資料の提供
●相談員による相談
●相談者が希望すれば，都道府県庁の労働委員会，労働相談センター等，他機関への事案の引継ぎ

労働法令違反の事案については，別に労働基準監督署，都道府県労働局需給調整課，雇用均等室に通報。改善指導，送検が行われる。

2 都道府県労働局長による助言・指導

民事上のトラブルについて，労使当事者に助言・指導し，解決をはかる。

3 紛争調整委員会によるあっせん，調停

紛争調整委員会は学識経験のある専門家３～12人で構成されている。
Ａ一般の労働条件・解雇等
⇒委員長が指名した３名の委員が，紛争当事者の話し合いをあっせん，調停して解決をはかる。
Ｂ男女の雇用差別，セクハラ，育児・介護休業，パート労働等
⇒委員が調停案の作成，調停，受諾勧告をして解決をはかる。

解決できなければ…

あっせんも調停も，ともに紛争当事者に自主的な解決を促すもので，強制力はない。

⑵ 簡便な解決手段がある

前述の「対象となるトラブル例」のようなケースは，あっせん，調停（労働問題の専門家が間に入って会社と従業員との話し合い，合意）によって解決するのが簡便です。

あっせん，調停で解決する最も簡便な方法は，個別労働紛争解決システムです。無料で利用でき，解決期間は長くて２カ月ですみます。

４．労働審判とは

Ｑ４　労働審判について教えてください。

Ａ４　①　労働審判制度は，個々の労働者と事業主との間に生じた解雇，賃金不払いその他の労働についての複雑な民事紛争を，民事訴訟よりも迅速に解決することを目的とするものです（労働審判法）。

②　労働審判の申立てには，印紙代（例えば，100万円の損害賠償請求で5,000円）が必要です。

⑴ 審理３回で終了

個別労働紛争解決システムが，比較的簡単な事案向きで，２カ月程度の短期間で解決できるのに対して，トラブルの内容がやや複雑で，長引くケースの解決に向くのが労働審判です（目安は４カ月程度）（図表10－５）。

労働審判は，個々の労働者と事業主との間に生じた民事紛争の解決を目的にした制度で，原則３回以内の審理で結論を出します。

制度上は，労使当事者のみで対応できますが，多くは代理人（弁護士）に依頼しています。

【図表10－5】労働審判制度の流れ

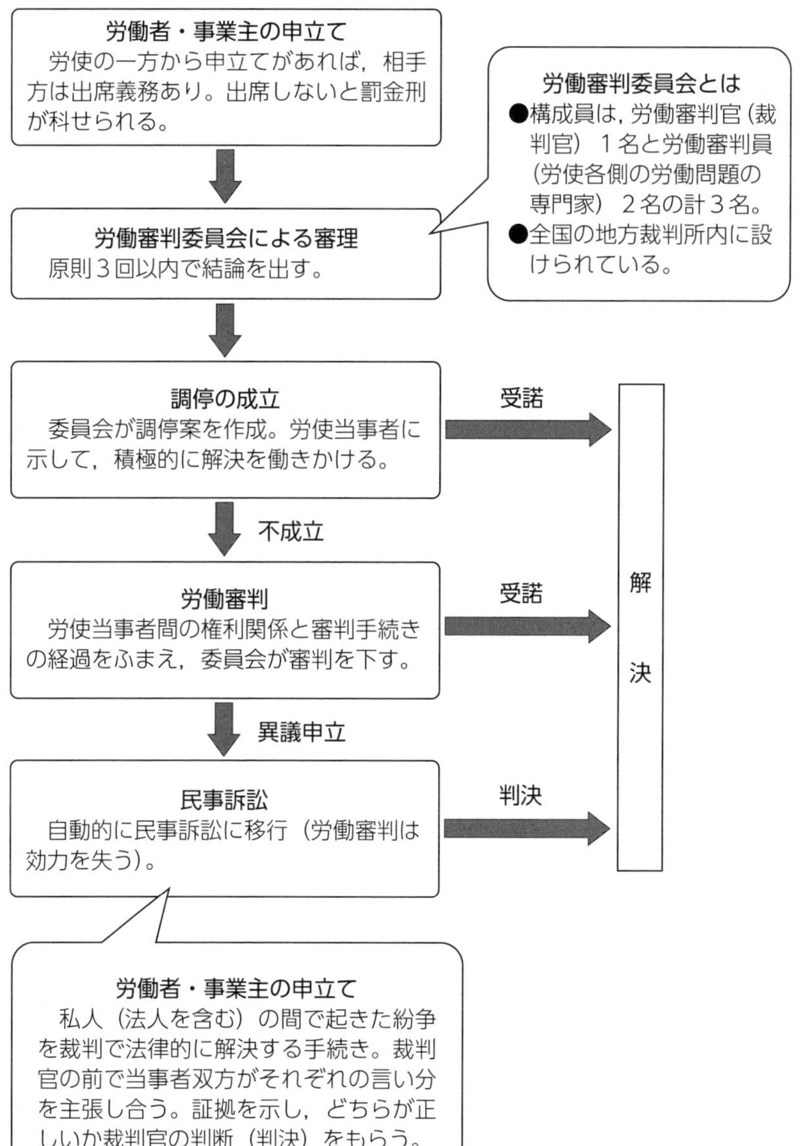

しかし，ほとんどの事案は，当事者双方が調停案に同意して解決します。

提案される「審判」における「調停案」が，紛争当事者に強制されるものではないという点は，個別労働紛争解決システムと同じです。

労使どちらかが「労働審判」（図表10－２の⑥）の内容について異議申立てをすると，自動的に民事訴訟に移行します。しかし，審判の内容が当方に不利だからといって民事訴訟に移行しても，新たな主張や証拠がなければ労働審判の結果と同じです。

5．少額訴訟制度

Q５　少額訴訟制度について教えてください。

A５　①　少額訴訟制度とは，簡易裁判所で扱われる民事訴訟で，60万円以下の金銭の支払請求に対して，原則１回の審理で判決が出る「迅速かつ手続きが簡単な」裁判制度です。

②　この制度は，少額の金銭をめぐるトラブルをすみやかに解決できる制度です。

⑴　少額訴訟制度というのは

特に，在宅就業者，請負等が注文主に未払いの報酬を請求する場合等，雇用労働者ではないため労働基準法，最低賃金法の適用がなく，労基署では取り扱われないケースの解決に向く制度です。

⑵　少額訴訟のメリットは

少額訴訟のメリットは図表10－６のとおりです。

【図表10－6】少額訴訟のメリット

①　訴状は簡易裁判所に設置してある定型用紙に記入するだけで済むので，自分で簡単に作成できます。
②　すべての手続きが１日で終わります。また，勝訴判決には必ず仮執行宣言が付くので，すぐに強制執行（裁判所の力を借りて，公権力によって金銭を回収する方法）が可能です。
③　訴訟費用は，印紙代（500円～3,000円＋切手代）のみです。

(3)　少額訴訟の特徴は

少額訴訟には図表10－７のような特徴があります。

【図表10－７】少額訴訟の特徴

①　60万円以下の金銭支払請求に限る。
②　審理は原則１回，直ちに判決が言い渡される。
③　証拠書類や証人は，審理の日に調べられるものに限られる。
④　分割払いや支払猶予の判決もできる。
⑤　判決については仮執行ができることを宣言する。
⑥　少額訴訟判決に対する不服はその裁判所に対する異議申立てに限る。
⑦　被告の申出があったときは，通常の訴訟手続きに移行する

(4)　少額訴訟の手続きの流れは

少額訴訟の手続きの流れは図表10－８のとおりです。

【図表10－8】少額訴訟の手続きの流れ

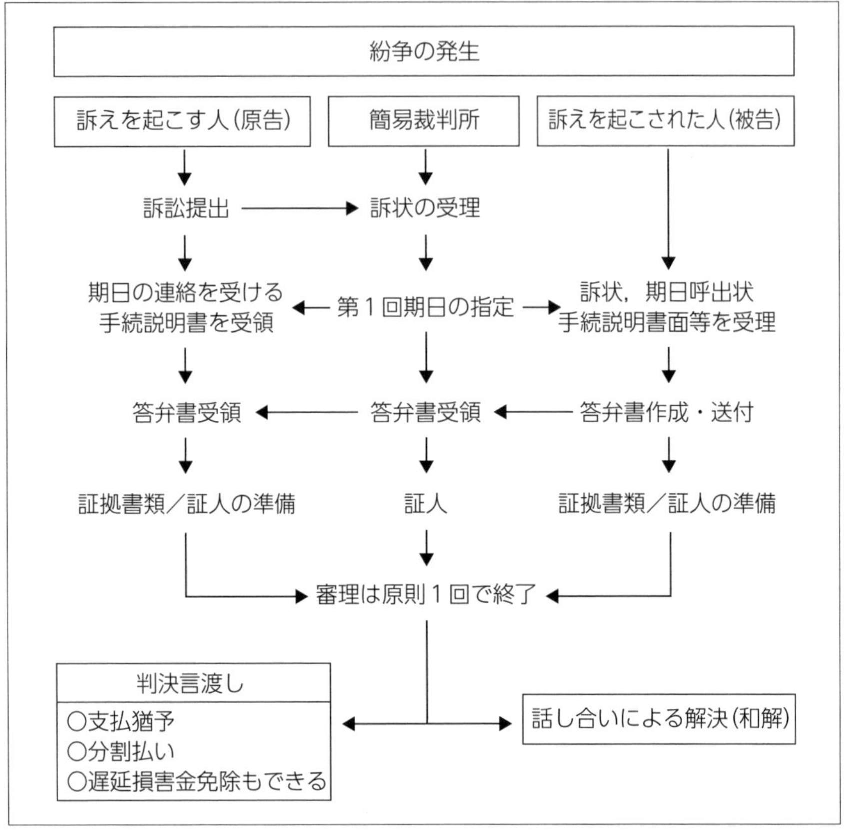

3　使用者が行う労働組合との団体交渉の進め方

1．労働組合の結成・加入・活動の権利は労働組合法で保障されている

Q１　自社の従業員（労働者）が労働組合を結成したり，他の労働組合に加入する方法は？

Ａ１　労働組合は，労働者（失業者を含む）が３人以上いれば結成できますし，会社に対して団体交渉を申し込むことができます。

また，１人でも，地域のユニオン（合同労組）に加入する方法もあります。

⑴　目的は雇用の維持，労働条件の改善

労使間でトラブルが生じている場合，その労働者が加入している労働組合が会社に団体交渉を申し込んでくることがあります。労働組合とは，「労働者が主体となつて自主的に労働条件の維持改善その他経済的地位の向上を図ることを主たる目的として組織する団体又はその連合団体（労組法２条）」のことです（図表10－９）。

１人では弱い立場の労働者も，集団になることで大きな力を持つようになります。

⑵　ユニオンともいう合同労組

自社に企業別労働組合がない中小企業の労働者が，地域の合同労組に加入するケースが増えています（図表10－10）。

【図表10－9】労働組合の活動は労働組合法で保護されている

1．労働組合法で保障されている労働者の権利

① 労働組合を結成し，これに加入すること（団結権）
② 労働組合が使用者に団体交渉を要求し，これをおこなうこと（団体交渉権）
③ 労働組合として，日常活動やストライキ（就労拒否）等の正当な争義行為をおこなうこと（争議権）

2．使用者はこんなことをしてはダメ

① 労働者が労働組合の組合員であること，組合を結成しようとしたこと，または労働組合の正当な行為をしたことを実質的な理由として，労働者を解雇したり，労働条件その他について不利益な取扱いをすること。労働者が労働組合に加入せず，または組合から脱退することを雇用の条件とすること。
② 使用者が，雇用する労働者の代表者と団体交渉をすることを正当な理由がなくて拒むこと
③ 労働者が労働組合を結成・運営することを支配し，またはこれに介入すること。
④ 労働者が労働委員会に対し，使用者が不当労働行為を行った旨の申立てをしたことなどを実質的な理由として，その労働者を解雇し，または不利益な取扱いをすること。

【図表10－10】インターネットが支えるユニオンの活動

● 労働者，失業者への広い呼びかけ
● 無料労働相談
● 団体交渉の経過や，交渉結果の公開

2．使用者の団体交渉への対応方法と注意点

Ｑ２　労働組合から会社に対して団体交渉を要求された場合は，拒否できますか？

Ａ２　団体交渉を拒否すると，不当労働行為（労働組合法違反）になります。したがって，拒否はできません。

⑴　拒否すればデメリット大

労働組合から団体交渉を求められた場合，正当な理由がないのに拒否するのは不当労働行為（労組法７条違反）となります（図表10－11）。

組合側が都道府県労働委員会に救済を申し立てると，委員会から「団交に応じるように」という命令が出されます（図表10－12）。

命令に応じなくても，労基法違反の場合のように処罰はされません。しかし，組合側は，会社に労基法，安衛法等の違反があれば，労基署に申告し，街頭宣伝活動，得意先への広報活動等の団体交渉以外の行動をします。それは会社のイメージダウンになります。

⑵　まず，話し合いのルールを決める

団体交渉に応じる場合には，いきなり，団体交渉の議題である雇用の維持，労働条件の改善等について交渉してはなりません。まず，書面でやりとりをする，少人数で会う等の方法で，「団体交渉ルール」を文書で取り決めてください（ルール案の例は図表10－13のとおりです）。

このことは，団交の時間，人数等を決め，静かに対等の立場で交渉を進めるために不可欠です。

いずれにしろ，団交申入れがあったら，まず都道府県庁内にある労働委員会の事務局に相談して，事前の学習準備をするとよいでしょう。

【図表10－11】こんな理由で団交拒否するのはダメ（労働組合法違反の不当労働行為）

- その組合員は解雇・退職した者で，当社の従業員ではない。
- 仕事が多忙で時間がとれない。
- 上部団体の役員，委任を受けた他組合員が交渉メンバーの中にいる。
- 直接面談はしないが，文書で回答する。
- 団体交渉の議題が，経営権に関する事項である（労働者の労働条件，地位，身分等に影響するものであれば，団体交渉の対象になる）。

CHECK
□労働組合が団交ルール作成の話し合いにまったく応じない。
□労働組合が合意した団交ルールをまったく守らない。
⇒会社側が団交に応じない，または団交の中途で全員退席する正当な理由になる。労働組合法違反の団交拒否にはあたらない。

【図表10－12】不当労働行為が行われたら

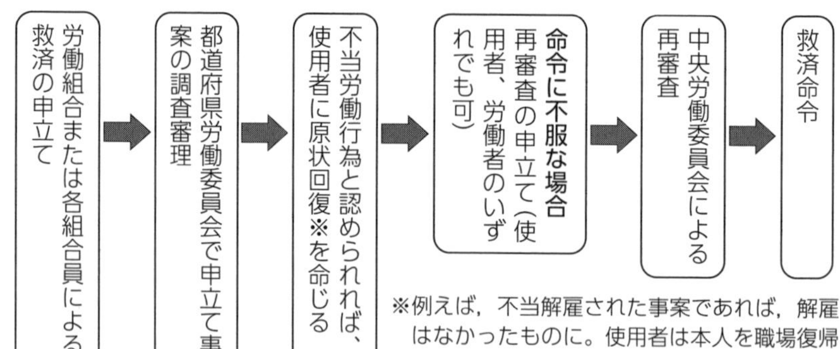

※例えば，不当解雇された事案であれば，解雇はなかったものに。使用者は本人を職場復帰させ，解雇から解決までの間の賃金に利息を付した額を支払わされる。

【図表10－13】団体交渉ルールに関する確認書（案）

○○株式会社（以下「甲」という）と，○○ユニオン（以下「乙」という）とは，甲乙間の団体交渉に関して次のことを守ることを確認する。

1　団体交渉は，甲の従業員であり，かつ，乙の組合員である者の労働条件，労働環境および解雇について行う。

2　甲乙は，相手方に対して団体交渉を申し入れる場合は，団体交渉日の15日前までに，交渉事項を書面で相手方に伝達しなければならない。

3　交渉日の日時，場所は，甲乙協議し，合意のうえで決定する。

4　交渉開催場所等の費用については，甲乙が半額ずつ負担する。

5　団体交渉に出席する人員は，甲乙それぞれ３人以内とする。

6　団体交渉に出席させる者については，甲乙それぞれが自主的に判断し，決定する。

7　甲乙は，団体交渉を始める前に，それぞれ自らの組織の出席者の氏名，甲乙との関係（雇用，委任等）を説明し，相手方の了解を得るものとする。

8　交渉時間は，１回につき１時間以内とする。

9　交渉時の配付資料，説明内容等については，甲がその役員，従業員に配付，説明し，乙がその役員，組合員に配付，説明するほかは，一切他者に漏らしてはならない。

10　交渉により合意した事項については，甲乙双方の同意を得たうえで書面に作成する。

11　甲乙は，それぞれの役員，従業員，組合員に対して，交渉の経過，合意事項等について事実と異なることを説明，配付，伝達等してはならない。

12　甲乙は，団体交渉時その他において，甲乙の役員，従業員，組合員にかかわる不必要なプライバシーに触れる発言をしてはならない。

令和○年○月○日

○○株式会社
役職，氏名　㊞

○○ユニオン
役職，氏名　㊞

〔引用・参考文献〕

① 『在宅勤務や賃金・雇用調整と助成金活用Q&A―新型コロナウイルス不況対応』経営書院，2020年
② 労務トラブル解決法シリーズ『これで解決! 労働条件変更のススメートラブル回避の賃金・退職金制度』労働調査会，2013年
③ 労務トラブル解決法シリーズ『トラブルを未然に防ぐ！ 人事異動の進め方～よくわかる配転・出向・転籍・海外出張のポイント』労働調査会，2015年
④ 労務トラブル解決法シリーズ『知って得する！ 非正規社員の労務管理―会社を伸ばすパート・契約社員の雇い方』労働調査会，2013年
⑤ 労務トラブル解決法シリーズ『会社は合同労組をあなどるな！―団体交渉申入書の回答方法から和解合意書の留意点まで―』労働調査会，2014年
⑥ 『Q&A退職・解雇・雇止めの実務―知っておきたいトラブル回避法！』労働調査会，2012年
⑦ 『図解 ゼロからわかる労働基準法』ナツメ社，2009年
⑧ 『労働法実務全書』中央経済社，2014年
⑨ 『雇用多様化時代の労務管理』経営書院，2015年

（①～⑨いずれも拙著）

●著者略歴

布施　直春（ふせ　なおはる）

2016年11月３日瑞宝小綬章受賞
1944年生まれ。1965年，国家公務員上級職（行政甲）試験に独学で合格。
1966年労働省本省（現在の厚生労働省）に採用。その後，勤務のかたわら新潟大学商業短期大学部，明治大学法学部（いずれも夜間部）を卒業。〔元〕長野・沖縄労働基準局長。〔前〕港湾貨物運送事業労働災害防止協会常務理事，清水建設㈱本社常勤顧問，関東学園大学非常勤講師（労働法，公務員法），葛西社会福祉専門学校非常勤講師（障害者福祉論，社会福祉論，公的扶助論，社会保障論，法学），新潟大学経済学部修士課程非常勤講師（講師歴通算15年）。〔現在〕羽田タートルサービス㈱本社審議役（顧問），公益財団法人清心内海（せいしんうつみ）塾（刑務所等出所者，障害者等の就職支援，企業の労務管理改善研修等）常務理事，社会福祉法人相思会（知的障害児入所施設）理事，労務コンサルタント，著述業，セミナー講師業　ほか。

労働法，社会保障法，障害者・外国人雇用，人的資源の活用管理等に関する著書155冊。主な著書に『無期転換申込権への対応実務と労務管理』『改訂版　企業の労基署対応の実務』『雇用多様化時代の労務管理』（以上，経営書院），『これで安心！　障害者雇用の新しい進め方』『Q&A退職・解雇・雇止めの実務―知っておきたいトラブル回避法―』『Q&A改正派遣法と適法で効果的な業務委託・請負の進め方－従業員雇用・派遣社員をやめて委託・請負にしよう！』『モメナイ就業規則・労使協定はこう作れ！　―改正高年法・労働契約法完全対応―』『その割増賃金必要ですか？　―誰でもわかる労働時間管理のツボ』（以上，労働調査会），『雇用延長制度のしくみと導入の実務』（日本実業出版社），『平成27年改訂版　Q&A労働者派遣の実務』（セルバ出版），『職場のハラスメント早わかり』，『働き方改革関連法早わかり』『改訂新版　わかる！使える！労働基準法』（類書を含み累計20万部）（PHPビジネス新書），『労働法実務全書』（約900頁の労働法実務事典）『詳解　平成27年改正労働者派遣法―改正法の企業対応と適法な業務処理請負への切替え実務』『詳解　働き方改革法の実務対応』『改正入管法で大きく変わる　外国人労働者の雇用と労務管理』『Q&A発達障害・うつ・ハラスメントの労務対応（第２版）』『Q&A「職場のハラスメント」アウト・セーフと防止策』（以上，中央経済社），などがある。

労使トラブルを防ぎ，自社内で解決！
不況に対応する「雇用調整」の実務

2021年3月15日　第1版第1刷発行

著者　布施　直春
発行者　山本　継
発行所　㈱中央経済社
発売元　㈱中央経済グループパブリッシング
〒101-0051　東京都千代田区神田神保町1-31-2
電話　03（3293）3371（編集代表）
03（3293）3381（営業代表）
https://www.chuokeizai.co.jp
印刷／㈱堀内印刷所
製本／㈲井上製本所

ISBN978-4-502-37661-0　C3032